Novolume

10 años

Rubens Rodrigues Torres Filho

NOVOLUME

5 livros de poesia, poemas novos, inéditos, avulsos e traduções

ILUMINURAS

Copyright © *1997:*
Rubens Rodrigues Torres Filho

Copyright © *desta edição:*
Editora Iluminuras Ltda.

Capa:
Objeto e projeto gráfico
Waltercio Caldas

Foto:
Wilton Montenegro

Revisão:
Iluminuras

Composição:
Iluminuras

ISBN: 85-7321-061-3

1997
EDITORA ILUMINURAS LTDA.
Rua Oscar Freire, 1233
01426-001 - São Paulo - SP
Tel.: (011)3068-9433
Fax: (011)282-5317

ÍNDICE

O TRAPEZISTA PENSANDO
Fernando Paixão, 11

NOVOLUME

POEMAS NOVOS (1994-1997)

composição, 19
nítido céu, 19
ato primeiro, 20
no princípio, 20
ou seja, 21
atmosférica, 21

curriculum, 22
elogio do oco, 22
comunicação, 23
após o sinal do bip, 23
r.s.v.p., 24
nunca sempre, 24

RETROVAR (1993)

o dia a dia, 27
temporalidade, 27
amiga, 28
lunal, 28
spiritual, 29
zodiacal, 29
gotas, 30
poros, 30
intimidade, 31
lunático, 31
imagem, 32
anotação antiga, 32
nova quadrilha, 33
o xis da dêixis, 33
cummingssaiu, 34
poesia pura, 34

doce lar, 36
antologia, 37
outra miragem, 38
laís, 38
trovas populares, 39
ar aberto, 41
classificado, 41
teotônio, 42
instantâneo, 42
licantropismo, 42
Q.e.d., 43
hopelessness, 43
retícula, 44
anacoluto, 44
um toque, 45
a última, 45

transportes, 35
fidelidade, 35
Athanasio bar, 36
segredado ao ouvido de Ariadne, 36

paradise revisited, 45
proverbial, 46
vós, 46

POROS (1989)

figura, 49
o lamento, 49
sem jeito, 50
dois pontos:, 50
certos momentos, 50
a ela adormecida, 51
ficção, 52
estrofe, 52
poema sem nome, 53
Em resposta à pergunta: se dói, 53
ensaio, 54
por escrito, 54
cena, 54
de interpretatione, 55
capítulo, 56
medonho, 56
vertigo, 57
E de resto, Glaura? Tem ido ao cinema?, 57
fragmento de uma luta, 58
ciúme, 58

notas de viagem, 59
prosa, 59
happy beginning, 60
meditação, 60
fim de tarde, 61
ergo, 61
vinheta, 61
relance, 62
arabesco, 62
psiconáutica, 63
pétalas, 63
seja breve, 64
sétima arte, 64
Que impede o lado de dentro?, 64
página, 65
cantinho do leitor, 65
cá, entre nós, 66
selos, 66
Nota aos poemas, 67

A LETRA DESCALÇA (1985)

antileitor, 71
dito e feito, 72
cantigas de amor e roda, 73
niilirismo, 75
efeméride, 75
meu amor fuma luís-quinze, 76
noturno da rua Marquês de Itu, 77
antes tarde, 78
poema do meio-dia, 78
o senso de amor, 79
postal, 80
plano-seqüência, 81
canção aberta, 81
os carros da enxurrada, 82
serestas estas, 82
senha, 83

clorofila, 87
(duplo) resíduo, 88
isto, 89
brio, 90
o não e a luva, 91
minguante, 92
nos tempos do verbo luar, 92
prosopopéia, 94
pelo sinal, 94
eu, hem?, 95
soneto, 95
psicologia da composição, 96
apócrifo, 96
prosopoema, 96
ao pé da letra descalça, 97
uma prosa é uma prosa é uma, 99

janelas, 83
a glória swanson, 84
poema semipronto, 84
desdobramentos, 85
botânica ao pé da letra, 87

minimal, 99
pizzicato, 100
epoptéia, 101
branco, 101

O VÔO CIRCUNFLEXO (1981)

por exemplo, 105
circunflexo, 105
as águas fluviais, 106
Elgin Crescent, 107
imitação de mozart, 108
canto alíseo, 109
janela da lua, 109
anulaluna, 110
desenvolturas, 111
o pequeno desconsolo, 111
sol e chuva, 112
licença poética, 112
a forma, 113
redondilha, 114
matissemorfose, 116
discurso de saudação, 116
quatro sonetos, 117
hermetismo, 119
viverá, 120
barcarola, 121
linguagem, 122
mas o cisco, 122
ab ovo, 123

arte poética (sic), 123
an-verso, 124
matéria-prima, 125
puxa-palavra, 125
3 expoemas, 126
crivo, 127
praça, 128
pari passu, 128
as mágoas lustrais, 129
o crime do moinho, 131
acidente, 131
o céu estrelado, 132
o rio dizia, 132
perfil, 133
para acolher o inverno, 134
sobras póstumas, 134
do vinho para a água, 135
francofônia, 136
cumming's out, 136
verberações, 137
cantiga partindo-se, 138
marginália, 138
acre lírica, 139

POEMA DESMONTÁVEL (1965-1967), 141

NEM TANTO AO MAR (1965), 149

INVESTIGAÇÃO DO OLHAR (1963)

PRIMEIRA FACE
A DEUSA ATENTA

invenção da amada, 157
poeminha sexy, 157

convalescença, 159
canção mortal, 160

ligação, 158
canção simples, 158
maria, 158

canto de recepção, 161
epitalâmio, 162

SEGUNDA FACE
TRÊS CANÇÕES PREPARATÓRIAS

distribuição de Nilza, 163
preparação para a fuga, 164

consideração da infância, 165

TERCEIRA FACE
PRESSENTIMENTO

visitação, 167
paisagem, 167
dissolução, 168
canção da possibilidade, 168
consolação, 168

reverso, 169
saudação do mundo novo, 170
pranto para Virgínia, 170
festival, 171
criação, 172

QUARTA FACE
FESTIVAL

canções de intervalo, 173
canto silencioso, 174

jantar com velas, 174
cantigas do gato, da corda e da candeia, 176

AVULSOS E INÉDITOS

pranto de despedida, 181
hemi-soneto glauco, 182
elogio, 183
oficina feroz, 183
três tolices de filósofo, 184
ponteiros, 184
fuga em dor menor, 185
miniatura, 185
primeiro poema de amor, 186

funcionamento das águas, 186
como navegamos, 188
três posições da morte, 189
migração, 190
no jardim, 190
o dia é mais?, 191
poema fluvial, 191
história do poeta apaixonado, 192

TRADUÇÕES

Hölderlin
o arquipélago, 197

Rimbaud
as catadoras de piolhos, 199

Schiller
o ideal e a vida, 201

Johann Gottlieb Fichte
soneto, 203

Morgenstern
o invento de Korf, 205

Hölderlin
Patmos, 207

Mörike
em uma andança, 209

Stefan George
canção do sétimo anel, 211

Angelus Silesius
15 dísticos do Andarilho querubínico, 213

Goethe
noturno do andarilho, 217

Nietzsche
vocação de poeta, 219

O TRAPEZISTA PENSANDO

por Fernando Paixão

Abre-se um livro de poemas e lá estão as palavras em estado de movimento. Quer dizer, há uma espécie de desassossego entregue às nossas mãos. Ato deliberado ou fronteiriço com o sonho, as imagens e os pensamentos fixados em versos investem-se de ritmo e de contorção de modo a sensibilizar os olhos de quem está lendo. Quebram-se as linhas, separam-se estrofes, sílabas tônicas e átonas produzem ecos, pausas, e ao rés da página estendem-se as torções de uma serpente com a cabeça fixada ao título da primeira linha. Temos aí a poesia. Será que temos?

Acreditar em tais generalidades, sem um pingo de descrédito, equivale a tomar as coisas todas por encantadas, em qualquer esquina sendo possível cumprir a liturgia da atenção miúda. Mas, sabemos que não é bem assim. Por trás das idéias feitas o que se esconde muitas vezes é a repetição de um hábito, passos que repisam o leito gasto de um caminho, sem o perceber. No campo da poesia não é diferente: os livros proliferam, a maioria dos poetas se converte em conversadores de salão, e os poemas, bem... quantos e quantos poemas se contorcionam por si mesmos, surrado *moto próprio*, e entregam-se a uma repetição no vazio.

Necessário, então, ler uma montanha de livros para se ter a sorte de encontrar algo próximo à autêntica criação poética. Tantos são os clichês e os valores prévios em circulação que fica difícil descer ao branco da página para o encontro sensível e plástico de frases em andamento. Ao mesmo tempo, é esse o melhor desafio que recompensa o leitor interessado. Entregues a um virar de páginas, somos surpreendidos por um pensamento forte, uma imagem que sobressalta e ganha forma aérea. O olho se curva para uma espécie de compenetração interna: ali temos a poesia.

Sem dúvida, este livro de Rubens Rodrigues Torres Filho se oferece como um campo privilegiado para o jogo de atenção poética. Mas, alertemos desde já, *Novolume* não compõe uma paisagem regular à qual o olhar se acomoda na expectativa de uma harmonia repousante. Saltos e desvios por ângulos agudos são uma constante destas páginas. Estamos diante de um poeta vigoroso em que se revela, desde a primeira vista, uma astuta capacidade de ganhar distância em relação às dobras do mundo. Como? Podemos responder com seus versos:

"Em nome do poema
estar aqui e rir. Ser pequeno,
andar aceso: por qual vão
se consumir?
Prezado rio das coisas.
qual dos dois: fluir, florir?
..."

("poema sem nome", in *Poros*)

São duas as perguntas colocadas nestas poucas linhas. Sabe o poeta que, para incandescer a língua, é importante escolher o vão certo por onde correr o poema, voltado para o riso ou para o toque lírico. Escreve, pois, uma peça que se interroga a si mesma. Mas, vale a pena alertar, não observemos nesse ato uma vocação narcísica para a metalinguagem. Pelo contrário, aqui a dúvida se enuncia por força de um rigor que não se deixa baratear. Ao enunciar o dilema, o autor zela por um sentido de integridade que também questiona o lugar do poema frente à circunstância ("nem sei se o banal espreita/ com malícia, devagar"), como que fazendo um acerto de contas. O sujeito entrega-se ao curso das imagens com a liberdade de quem acolhe vislumbres de origem.

Obstinado leitor e tradutor dos românticos alemães, talvez o que mais atemorize Rubens seja justamente resvalar por um romantismo lasso e repisado. Nada pior do que sentir ou ver em falso, ele nos sugere. Contra essa possibilidade, aciona muitas vezes uma lâmina de afiada ironia, corroendo internamente qualquer possibilidade de identificação fácil ou equivocada. Outras vezes, mobiliza a concisão lírica, em versos cuja potência se funda menos pela estranheza do imaginário do que pelo efeito sutil de um olhar que sobrevoa a cena escolhida e recolhe um rol de notícias subjetivas: "teu nome gravado nas laranjas", "...a água/ lavando a chuva por dentro", e assim por diante.

Digamos então: o poeta pensa, entrega-se à sinuosidade volteada do pensamento como maneira voluntária para se pôr rente ao "rio das coisas". Idéia suspensa num fio de voz, o poema conta com essa luz para cumprir a sina da expressão. Há algo a ser dito, um pressentimento cresce, inquieta a cabeça e insiste em ganhar forma no espaço, que é a maneira direta de se transformar em comentário do mundo. Aliás, na poesia de Rubens o intuito de comentário chega mesmo a ser uma constante, enveredando por soluções as mais inesperadas. Seja na hora da fulguração lírica (presente em maior grau nos livros *Investigação do olhar* e *Vôo circunflexo*) ou na suspensão reflexiva, enfatizada por um uso recorrente de adjetivos, a linguagem se põe em estado de atenção porque "no colo das estrelas/ um paradoxo sorridente hesita". Se assim é, ao poeta cabe aplicar ao repertório das coisas e das situações uma palavra modulada por certo esclarecimento. Este, por sua vez, para que engendre a função reveladora da poesia, deve escapar à racionalidade social e aos achados do sentimentalismo de praxe. O desafio que conta está em entregar-se a um arriscado e primordial fluxo de visões. É quando o lume de Rubens nos toca de pronto: ao pensar com rigor, ele recupera a substância imediata do sentimento (invertendo a máxima cartesiana da segunda meditação) e funda no poema um percurso em que argumento e imagem se entrelaçam.

Nosso poeta ganha ares de trapezista, então. Atento para comentar os acidentes dos dias ou para lidar com a matéria autobiográfica, atraído pela particularidade dos objetos ou pela música dos nomes, ele de fato "pede licença para ser pássaro" e termina por empreender um vôo de resultado circunflexo. Em pleno salto, entrega-se a desvios que amplificam e carregam de sutileza a ressonância do poema: "a curta canção que nasce... Tem firmezas de arremesso/ e desesperos de gala". Dono de uma extraordinária intimidade com as palavras, entrega-se a volteios, giros e torções de sintaxe correspondentes a um desregramento não só dos sentidos (na acepção de Rimbaud) mas sobretudo dos significados que precipitam a investigação do olhar. Transformado em sinal, o raciocínio se transmuda em poesia, e o poema se desdobra em fragmento de linguagem e experiência:

> "...A presença se adensa. Pérolas, vôos de pássaro sem pássaro, pouso de plumas, diretamente, no mesmo ar. Laços, pequenas liberdades, abstratas no espaço disponível. Cena, cena. Dedos articulando solidões e seus espaços. Refinada química dos afetos, cristalizações de um fluxo sem nome. Imagens. Intensidades mentais."
>
> ("Plano-seqüência", *A letra descalça*)

Por certo o convívio com as questões filosóficas e a leitura intensiva de poetas clássicos e modernos contribuem (e muito) para o desempenho refinado das pequenas liberdades. Freqüentemente deparamos nestes textos com um diálogo, explícito ou implícito, em relação a outros autores ou temas da cultura. No entanto, para surpresa dos cotejadores, não se pode prever o seu efeito; ora o dado intelectual serve de ponto de partida e de fato conforma e contamina o poema em questão (como se vê em "Matissemorforse", por exemplo), ora torna-se alavanca para um giro às avessas, deixando a nu a impropriedade dos intelectualismos (como no caso de "O xis da dêixis"). À luz da poesia, o saber universitário não basta por si mesmo, nem se presta a ser condimento de uma profética explicação dos acontecimentos; posto à prova da necessidade poética, pode surpreender e até mesmo dar uma cambalhota chegando ao grau zero do pastiche: "Paciência e esperança. Os grandes temas. Nossos clássicos".

Do mesmo modo, também o jogo amoroso se multiplica em lances imprevisíveis. Tema privilegiado para os saltos arriscados, merece do poeta uma atenção nos detalhes, podendo colher da presença alheia um fragmento de elegia ou o registro prosaico do cotidiano. Se em *Investigação do olhar* (de 1963) ainda guardava resquícios de um lirismo epifânico, visivelmente embebido em surrealismo, nos livros subseqüentes sucedeu um longo percurso no sentido de reter da experiência dos afetos uma corporeidade crua e fugidia. Paralelamente, a cena erótica cresceu em ênfase. As situações do corpo-a-corpo tanto podem ser captadas na forma imediata do tesão quanto pelos sinais de maravilhoso que cintilam com a carne.

Como num trapézio, a oscilação entre o alto e o baixo fecha um círculo envolvendo tensão e vertigem. Vamos ao circo e sentimos o frenesi, a arte do trapezista se desenha no intervalo. Sabendo disso, Rubens soube renunciar conscientemente à possibilidade de uma poética monotonamente elevada. Conseguiu também escapar à armadilha que o emblema de poeta lhe preparava. Bem formado, empregado na universidade, poderia ter-se entronizado como douto *verse maker*. Mas quem o conhece de perto sabe que esse tipo de carteirinha não lhe traria qualquer satisfação. Coerente, fascinado pelo arremesso, optou por colocar o rosto no mundo e contaminar-se dos rumores, sem prévias explicações.

Estamos diante de um poesia exigente que, sem renegar a sua formação, não abdica da inteligência para "enfeitiçar o acaso".

Aos leitores, a parte que lhes cabe: pôr o olho nos poemas e saltar da solidão —

— e o trapezista não terá pensado em vão.

POEMAS NOVOS
(1994-1997)

composição

Enceguecido por esse teu corpo,
paisagem lunar em noite de Terra cheia,
vejo que o Mar da Tranqüilidade me hipnotiza
com sua ausência de algas e sereias.
Mas quem quer atmosfera? Basta
a vertigem veloz soprando nos cabelos
que ornam as regiões mais aprazíveis
da imensidão resplandecente e sem arestas.

nítido céu

Nítido céu plural estacionado
no ângulo das nucas que flexionam
alguns anjos pedestres como somos
ao empinar narizes sem soberba

(e sem cobiça, como disse Goethe)
naquela direção: noite estrelada,
passeio para os olhos mas abismo
para a imaginação, essa coitada.

Página declarada e liso texto
que as aspas, reticências ou metáforas
em vão povoam, tentando supri-los
de infinitos portáteis. Tabuleiro

de perigosos lances, inocente.

ato primeiro

É novo, escandaloso, está nascendo.
Ouve bater a pálpebra do instante.
Claro, calcula
a mínima distância, esse exagero
imperceptível, clássico. Paisagens
anteriormente anônimas recuam.

no princípio

Filosofia então teve início
na tentativa de liquidação
do universo (arranjo,
adereço, cosmético): promessa
de fluidez sem caroço
e coisa e Tales.

Meditações mediterrâneas. Hidráulica
arcaica. Absoluto
dissoluto.

A primeira
imprecisão é a que fica?

ou seja

Que um vento vem vindo e levanta
o vestido das árvores sem vergonha
Aqui neste dia desabitado

forte de uma lição fagulha
porém razoável o ouro da paciência:
num ponto um pouso de momentos

velozmente em silêncio desplugado
Entre delícias, notícias e um sol
afirmativo – os astros cambaleantes.

atmosférica

Chuva com tijolos bolor
falada enfileirados falta pouco
iluminasse novo e pingo um só
ociosamente instala-se feliz
líquida e triunfante demorar-se

curriculum

Ser qualquer um mas ter alma de nobre.
Correr perigos sem temor indigno.
Paquerar a princesa apetitosa.
Vencer o ogro, transformar o rei em sogro
e envelhecer amado pelo povo.

elogio do oco

O oco desfaz as dúvidas
quanto ao vazio do que é:
ninguém fica sem recado.
Todos sabemos direito
o que importa a seu respeito.
O oco é fácil e honesto.
Não digo o mesmo do resto.

comunicação

Lebres comunicam-se em lebrês.
Na primavera acasalam-se uma vez por mês.
Destacam-se nas festas pelo luxo das librés
que envergam sem empáfia mas com altivez,
mantendo-se a distância do mundo burguês
e sua cega crença de que dois e dois são três.
Ocultam castamente o tio-avô francês
que poderia enobrecê-las de viés.
Nada acrescentam, mas com sensatez.
Detestam sugerir algum "talvez".
Quando em pânico permitem-se – através
de uma dialética bem fácil – trocar as mãos pelos pés.
Normalmente se contentam (e nada mais acrescentam)
com um bem redondo "yes".

após o sinal do bip

Primeiro era melhor (valia mais)
querer o nada que não querer nada.
Sem merecer uma sequer vírgula digna
agora a vida acaba, a vida cabe
em muito, o máximo, de pequenez,
a vida apequenada.
Chegou um tempo em que não se quer nada
e o menor querer levará o prêmio,
o prêmio estímulo do melhor mínimo –
e esse é o máximo. Com isso
estamos, e o estar com isso
é tudo – combinação paupérrima e binária.
Atendo ao telefone disso tudo.
Só posso responder com o ocupado.

r.s.v.p.

Vamos criar um sorriso,
criar, pois não, do nada
uma como que espécie de margem
entre a existência esta, atrapalhada,
e aquilo que apreciamos em imagem
quando nos ignorávamos, quando
julgamos que tudo era claro
e era. Era quando
o não-existe sussurrava-nos promessas
melhores ou no mínimo como essas
que o popular "um dia" cumpriria
com os melhores cumprimentos
da diretoria.

nunca sempre

Procurei inutilmente por um único objeto
que fosse a um só tempo expressivo e quieto,
inútil e completo
como costuma ser somente aquilo que é correto
e quando vem ao caso, mas nunca sempre, aquieta
as irrequietas intenções e irresponsáveis gestos
falsamente coerentes e apreciados nas festas
onde o deus Pã, de tão sóbrio, jamais se manifesta.

RETROVAR
(1993)

> *– Ela está retrovada! – Quem?*
> *– Madame Eternidade...*
>
> Arthur Rimbaud,
> contrabandeado por RRTF

o dia a dia

Salta ao pescoço dia a dia visgo
sua adesão santíssima goma
que se espreguiça como óleo na água

Dia diário fio que vai fiando
uma nítida úlcera um bocejo
que recomeça ontem seu estrago

Nem sim nem não os puros óleos brandos
fiando uma preguiça maravilha
no nosso amor na tua flor na água

temporalidade

O relógio é boa fruta
considerado por fora
por dentro não tem limites
e isso é longo
            no pulso

amiga

Ela gostava muito assim
de um relacionamento, digamos, íntimo,
com bastante expressão
para os genitais. – Como se pode
amar, dizia,
sem experimentar a textura do corpo,
a temperatura da voz?
Doce
na memória, amiga,
não cede ao tempo veloz.

lunal

(Ce que la vie est quotidienne)

lunal	tchugunda feira
marcial	tensa feira
mercurial	torta feira
jovial	quanta feira
veneral	sexta beira
saturnal	sambando
solal	e dormindo

spiritual

*(É preciso imaginar uma cantora negra,
de sobrancelhas eloqüentes como cica-
trizes, o lamento quase humano de um
saxofone – e que o texto é cantado em
inglês: mas num inglês precário tal, co-
mo só se suporia em New Orleans –)*

Esqueça os ricos.
Eles te levam os anéis dos dedos.
Eles te tiram tudo.
Mas eu não quero dinheiro deles.
Tudo que eu preciso vem da natureza.

Esqueça os ricos.
          Etc.

zodiacal

Súbita musa
que me lambuza
de ternura o coração
Pálida musa
que não é nada, que é só recusa
que não é Nara, não é a Vanusa
nem é Danuza
      mas é Leão

gotas

1.
Olho do aquário:
ao longo dos vidros,
          à luz
de um luar fanático
gotas de esperma
vagabundas
    deslizam.
De tudo, um copo.

2.
Articular-nos-á
um
   (quase)
      saber?
Pânico: – Molda-nos, forma! Quando
virás
articular-nos,
erma?

poros

Falo
  e
    falho
num só ato, ex-ato
que cabe num silêncio ininterrupto e claro

30

intimidade

Por tudo isso que se esvazia e se corrompe
minha amizade é profunda. Calo
dentro de mim vazios e intermitências
e ainda, no mesmo gênero, toda espécie de claridades.
Não lhes dou voz. Em troca
são mansos, não dão trabalho
e às vezes quando assim assediados revelam finalmente
seu lado cúmplice. É sempre assim.

lunático

Colheriam o olho imagens desnorteadas
e lhe dariam um alucinar quase lúcido.
Falo como um cristal e suas faces.
Beber e beber luas internas

e a água-mãe alucinando os cálices.

imagem

Sou tarado por você. Nossa! Isso sim é tesão.
Só pensar, viro menino
masturbador, que nasce pêlo na mão.
Me amarro nos teus peitinhos,
xoxota que sai caldinho,
                asas da imaginação!
Só porque digo em poesia
é exagero? Não é não.

anotação antiga

ave – oovo
ave – ovoo
oovovoa

nova quadrilha

(para Ruy Fausto)

Gustavo, pintor, escreve música
imitando o ribeiro Sebastião.
Outro, chamado pinho, também João,
queria mesmo era ser homem de ação.
E tantos Fredericos – honra ao rei! –
criaram pausas para a reflexão.
Naquele tempo Martim era Lutero
e batizava-se com precisão.
Mas titio Ludwig* mais tarde foi sincero
e quis saber rimar nomes com cor.
Assim a Vila Alemã vive e prolifera
e um dia na avenida há de mostrar o seu valor.

o xis da dêixis

Aqui e agora
o *now* e o *here*
formam meu pícolo *nowhere*.
– Onde é aqui? – implora agora
(ambíguo umbigo) o que é.
Aqui soçobra
este *now* frágil.
E agora, no fundo
do poço, José?

*) Pronuncia-se "Ludovico".

cummingssaiu

(*um* poema *"stubble"*)

Ela estava com medo de vir fora
e tão
com medo de vir fora disse: – Eu não
vou fora nunca mais.
Então olhei para ela invindo fora
outra vez
e havia *stubbles* em minha
voz quando eu disse:
– Cai fora desse espelho!
                    asperamente

poesia pura

No álbum dos nossos momentos felizes
nunca me esquecerei daquela vez
que você gozou tão gostoso, junto comigo,
lá no sofá do apartamento da Mourato
que peidou. Soltou um peido alto,
de prazer? De gratidão? E foi lindo
que aí você me olhou e sorriu encabulada.
Então peido não é amor?
Se vem do cu é menos expressão?
Mais sonoro e sincero poema
de amor, juro: estou para ouvir.

transportes

De frescão até o Leblon –
Metáfora! metáfora! –
Vamos todos viajar
– Metáfora! metáfora!
De ácido ou de condução
sempre é mão ou contramão.
Metáfora é que é bom.

fidelidade

Procuro alguém
com quem eu realmente
possa contar. Alguém capaz
de acolher meu pau, toda vez
que ele ficar duro. E será sempre
só por causa
desse mencionado
alguém

Athanasio bar

– Uma porção de ambrosia
e uma caneca de néctar. No capricho,
Ganimedes! (Na ilusão
de parecer
freguês antigo
chamei o garçom pelo nome.)

segredado ao ouvido de Ariadne

"(...) Estou participando de um concurso lá no Rio de Janeiro. O prêmio é um pênis automático, com controle remoto e três posições anatômicas. Mas eu não preciso. O meu ainda está funcionando mais ou menos bem. Se eu ganhar pode ficar para você que não tem nenhum (...)"

doce lar

(à maneira concreta)

casamento
acasa-
     lamento
encasu-
   sorry

antologia

*(ou
a lógica das flores)*

As rosas se perguntam
(entrefechando amores)
se quero ser pequeno
como se fosse um átomo
para caber inteiro
na tua mão fechada
e aberta finalmente
sem nunca libertar-me
(vôo desnecessário
e eternamente armado).
À pergunta encadeada
povoo-me de trevos
e em nítido desterro
maior é o meu agravo
– Que as rosas têm saúde
e inteligência exata
para saber-me inteiro:
eis que já sou pequeno
e tua mão amada
não me recolhe ou colhe
nem escolhe nem nada
porque outro
          é o teu
espaço

outra miragem

Era verão, e a lua lá
(pois era noite) enluarava
as lâminas-cocares dos coqueiros
(pois era praia) e abria uma clareira
para os olhos (dos dois) na noite clara.
O que dizíamos (você
se lembra?) estava
por um fio. Era nada. Ia formando
uma rede levíssima de nexos
e de elisões. No espelho desse instante
duplicou-se
mais uma vez (pois era,
como já disse, verão
e praia e havia lua)
outra miragem de felicidade.

laís

Como te vejo, Laís? Bocas e olhos sutis,
arco-íris, chafariz
seco, para os imbecis.

trovas populares

1.
Botei lenha no borralho
comprei ovos no mercado
mexi tudo na panela
preparei uma omelete

2.
Havia flores na estrada
havia tédio no pátio
Dêem-me quatro desenhos
de mulheres e de sóis

3.
Onde foi visto (aqui mesmo)
o cosmo através das lentes
porém crianças latentes
e os poetas minerais

4.
Vou-me embora p'ra Brasília
estou cansado de estar
Me mudo para uma ilha
Tem alguma p'ra alugar?

5.
Foi em vão que João fugiu
todo-o-mundo abriu a boca
Jogou seu corpo no rio
Dona Xica ficou louca

6.
Resta ainda nesta terra
um pouco de quase-amor
um resto de primavera
que ninguém sabe onde pôr

7.
Coloque o vaso num canto
Logo as flores vão murchar
Vou aprender esperanto
p'ra nunca mais conversar

8.
Quero comprar um desejo
que não seja de sonhar
um algo assim como um beijo
ou uma ave no mar

9.
....
....
carrega de sua lida
vinte mil-réis e uma vaca

10.
O perdoado e o perdido
já vão indo, entretecidos,
e o horizonte deglute
os seus últimos gemidos

11.
Conhece-se pelos olhos
o que vai no coração
Não me procures nos olhos
Eis-me aqui na tua mão

ar aberto

1.
E girassóis fulgem,
famintos
Nenhum é branco, todos são lascivos
como se esperassem.
Nenhum é lento, todos são espécies
de aves.

2.
Já compreendemos que estar sós
é estar quietos
e refazer nossas estátuas
no ar aberto

classificado

(*Leminski. Saudade*)

Vende-se
mala /
Motivo
viagem

teotônio

Nasceu sem segurança, secretário sempre
bondade. Alagoas liberais. Coerência, seu país
de obstinado caminho. Morreu
princípios inflamado, obstinações
do longo discurso verbo
em tempos com injustiça.

instantâneo

Ilha amada, armadilha
do coração entalado.
Aqui me prende em reprise
tudo o que ficou gravado
na foto. Fato
    ou retrato?

licantropismo

(Píndaro. Pascal. Protágoras.
Paulini. Perrault.)

Anthropos! Sonho
de sombra
caniço pensante
pantômetro. Vide
estonteada pelo peso dos augúrios
lunático
lobo
do homem

Q. e. d.

Centro:
antro!
Entro
dentro.

hopelessness

Areia areia areia areia
e pó
e isto
multiplicado
como o dia sem arestas
e a avalanche
de pequeninos nadas
ruindo
silenciosamente
por entre si mesmos
e isto
e pó
areia
areia
areia

retícula

Lentidão de outra face, elíptica
e singular. É com cuidado
que nossos desesperos vão folheando
as latitudes íngremes. Silêncio
e expansão. No colo das estrelas
um paradoxo sorridente hesita.
Sustos habituais, oscilações e álgebras
de espécie pouco usual
entrelaçavam seus sabores árduos.
Esfriarão as técnicas do acaso?
O halo, com vagar, se dividiu.

anacoluto

Ouvirei teu gesto
mesmo que seja apenas insinuado
na química dos raios infra-oníricos

sim porque não tenho
afeto especial pelo esquecimento tenho
isso sim um grande aberto
onde caberá sempre sempre
tua forma capaz de canto

peço licença
para dizer que os grandes ventos
não arrasam, cortam, dizimam
mas clarificam
e poderei te proclamar

anacoluta

44

um toque

Estive
algumas vezes só
como um rochedo
batido pelas bestas ondas verdes
do mar adjacente. Só
é como estar ausente
no centro exato. Limita por dentro.
O céu redondo, capa impermeável
ou sobretudo lírico, acrescenta
um toque de ironia
ou de clemência: ave,
algumas vezes chuva,
no mínimo uma estrela.

a última

– Sabe da última?
(da fraseologia popular)

Depois que morrer a esperança
vocês podem me botar
num caixão
e me enterrar
que eu não reajo.

paradise revisited

O amor não traz fruto,
ia dizer Eva.
        Mas se tocaram.

proverbial

Todo trabalho, por ser trabalho e trabalhoso, significa o homem. Estamos no encalço de meios para ir ao encalço dos meios para fins variáveis e intercambiáveis de boa fé. Procuraremos então alguma coisa que nos conduza a coisa alguma e leremos páginas de sabedoria que nos dirão nada, de novo, sob sol. Então com isso descontentes nos contentaremos e assim iremos magos e magnos ao sabor do saber. Avidez avara não nos varará, bem como é justo nos ater e atar-nos ao supra-dito sim. Sim.

vós

Assim te trato, em abstrato
na segunda do plural,
                herói
da mitologia hebraica
              peladão
dando voz aos seres –
vocalista
por vocação. E assim
vagais, vogais
           revogante
pelo ex-ermo, ex-anônimo
                jardim

POROS
(1989)

Language is a virus from outer space.
Listen to my heartbeat.

William Burroughs *apud* Laurie Anderson

figura

Esse sorriso justo, pontuado por vírgulas abstratas,
e no caminho, seguramente em cena, mira
o claro desejo: desmisturar-nos, por qual arte,
em meio a tanto. Mexer com esses relevos
subordinados ao fio da ausência. E o que se supõe
dispõe flores avulsas e laços de linguagem.

o lamento

O lamento da literatura em seus gorjeios e trinados, percorrendo a escala das emoções. É um vento aventureiro desfazendo tranças e arreliando rendas delicadas. A delicadeza de certas mãos que em sonhos tocam a imaginária cintura do sonhador iludido e no final compõem pontes de absurdo sentido entre imagens soltas e acabadas. Tontas cavalgadas por pradarias absolutamente inconcebíveis – e o real se retira humilhado perante o referido inatingível esplendor. Secam gerânios, begônias e nardos. A ordem é revisada. O caos dos corpos a sós. Certas formas se acentuam, procuram-se para grifar-se e, ao coincidir consigo mesmas, sucumbem ao júbilo de se sentir indescritíveis. Prodígios da metamorfose imperceptível!

sem jeito

O poema, essa cicatriz
da velha ferida dos gêneros,
entre prosaica e feliz
– indigna, pelo menos –
oscila, pela via-não,
entre a corrosão e o êxtase,
jeito de pedir perdão
sem deixar nem endereço,
forma besta de glamour
sem ornato ou adereço,
e a cada respectiva musa
agradeço
por tudo o que lembro e o que esqueço.

dois pontos:

O reinado real. Lapsos falhos.
Meu papo: pam! Você lê.
Amaciar. Redondas ondas.
Anteparos.
Repara: o cílio, silente. A descrição
da lágrima. Lágrimas
da gramática.

certos momentos

Certos momentos, que se incorporam rapidamente ao tempo, criam essas límpidas clareiras onde jogar é fácil e quase sempre perdemos. São ágeis palavras circundando fatos ariscos e permeáveis lunetas onde se aninham os astros imponderáveis. Novidade, só por pura inocência, e com ela contamos, até a redução das cotas oceânicas. Claro está, nada disso erra. Certeiro e fulminante, o olhar distingue e do mesmo modo divulga insignificâncias heteróclitas no pleno indiscernível. É o eco, com camadas concentricamente neutras, e seu enveredar pelo dorso do instante. Isso acentua, assinala. Mas cabe dizer. Nem sempre, e mais freqüentemente nunca, é possível conter a afasia que nos fantasia de múmias e estátuas estacionadas.

a ela adormecida

Lento navio de teu corpo
dormindo a parte voltada
      para dentro.
Teu sono digere a noite

e a outra metade espera
tal qual laranja cortada.
Arco-íris ao contrário,
todas as cores são bege.

Mesmo que tivesses asas
não dormirias tão largo,
em tal ausência.
Giras em torno das voltas
que te giram em torno. Entornas
a âncora das viagens
que te desenham na água.
Maravilhoso perigo
de tua forma precária.

ficção

Depois, colados ao olho do aquário, articular-nos-á um saber quase pânico. Gotas de esperma vagabundas deslizam ao longo dos vidros, à luz de um luar fanático. Súbito hábito, molda-nos a forma erma. Um pouco, um copo de tudo.

estrofe

Escolher o minimáximo,
minimaduro, futuro.
Detonar palavras-nervos.
(Bandos de audazes ternuras,
peripécias e artimanhas,
sem fim, intérminas, ternas
e às vezes alvoroçadas
como cabelos a esmo de si, cativos

entre signos-fivelas
e um jeito novo do mesmo.)

poema sem nome

Vê que teu verso não ande aceso
onde anda a noite
Pedro Morato

Em nome do poema
estar aqui e rir. Ser pequeno,
andar aceso: por qual vão
se consumir?
Prezado rio das coisas,
qual dos dois: fluir, florir?
Qual dos muitos, multi-acuado,
labirintos de se abrir?
Essa mão, lá longe, acena
um dos dois: cena ou sinal.
É depois, agora ou nunca,
que se lê algum bem mal.
Em nome do pobre poema
meu nome perde o bocal
– e eu vou por dentro. Se caio
é sem sair do lugar.
Nem sei se o banal espreita
com malícia, devagar.
O nome deste poema
está em primeiro lugar.

Em resposta à pergunta: se dói

É verdade ou não que isto tudo tem a ver? O que acontece e o que esquece. Obras e sobras e dobras. É preciso e impreciso que assim seja. Ligas e liames. Vamos enfim tentar dar a isto um certo tom. Pois no fim é musicalmente que sentimos. Hoje ninguém põe fé em nada tipo razão. Mas os sentidos (em qualquer dos sentidos) é melhor despertos que não. Um dia se dirá. Linguagem. Dói.

ensaio

Sempre uma tentativa de recomeço,
um abalo para diante,
           embalo, impulso, empuxo –
uma volta e revolta da experiência,
reviravolta de dados para enfeitiçar o acaso.

por escrito

Marcar assim
o digno papel, maculá-lo
com a letra incruenta – eu diria.
Estar aqui propriamente e nisto
alagar o visto. Largueza
de perspectivas amplas. Ocioso exercício
de exercitar exércitos de moscas
e às vezes acertar nas mesmas, que dão branco,
etiquetas porém senão letras:
ilatência e sem-razão.

cena

Docemente, perigosamente, o frio toma conta dos meninos de mentira que brincavam lancinantes à beira-nada.

de interpretatione

a mão pensa, ao
longo do corpo,
        pensativa,
                e não
falta, no pulso, o bra-
celete: inscrita
em fundo preto, alheio,
e sobre
      – letras –
         leio:
     N O S T I M
          (res-
tauro
    o braço do T, o esquerdo,
                ausente
ocluso
    que não se lê
        e eis, de-
cifro:)
pequena pátria (grega) em dim-
    inutivo em -IM, mineiro,
sim: rosiano, diz.
    Mas já
salta o anagrama, letras labirinto:
    M I N O S   T
Avulso, um T?
    Mas não, ele é certeiro:
      diz TAURO, a fera à espreita
que não se lê.
      Catástrofe! A mão sus-
pensa, agora,
      o braço em L,
             à altura
    do nariz
inverte o braceletras
         e leio agora
  e diz:
    W I L S O N

capítulo

1.
Urgência de desenredar essa multidão de sentidos e nexos que se apresentam e negam de formas múltiplas, enredados. As perplexidades continuam valendo, obtusas. Espelho de convexidades endoidecidas, a face dos dias se dispõe para a malícia. Fútil, fugaz, o olhar escorrega pelas superfícies. Andando, mãos nos bolsos, ensaia um assobio desafinado, depois silencia, magro.

2.
Essa era a maneira como, afinal, as coisas se dispunham para seu maior descontentamento, e era claro, seguro, viável, o revolutear das fórmulas inconclusas. Esse era o leite, o leito. A constante invasão dos signos: demos um soluço ao silêncio? O nome dessas coisas, estacionar de órbitas prematuras. O desconhecido, páginas adiante, revela-se o pai do protagonista.

medonho

Por onde um poema medonho
encontra o avesso e diz nada,
lá onde o lívido sonho
mantém a paz disparada,

enquanto cala, solícito,
o rugir da madrugada
tramada por mil pavores
de uma negra e negra fada,

por tudo que cai levíssimo
para o alto, machucado,
e dói sem pedir licença

cerzido de lado a lado,
o poema só quer ser feio
e não dar nenhum recado.

vertigo

Retomo flores tecnicoloridas
de uma almofada e ramagens circulatórias
por um instante. É noite. A música, vindo,
verticaliza-nos com razão.

E de resto, Glaura? Tem ido ao cinema?

Arredondando as palavras
para dizer, por exemplo, que me ama,
sua boca explícita aprisiona irremediavelmente
este meu doce olhar,
que vai sonhando uma formação de beijos
aéreos em revoada para ninhos impossíveis. Divago, eu sei.
Perdoáveis como cascas de ovos, esses alheamentos
                              [momentâneos
não atrapalham tanto nosso relacionamento,
maduro, pausado,
idealizado de comum acordo para nos assentar tão bem.
Os pátios da academia nos verão passar amigos,
articulando aquele papo inteligente. Só às vezes
algum lampejar mais bobamente amoroso
bateria asas
– borboletreiramente –
anunciando às tontas um filme
prudentemente fora de cartaz.

fragmento de uma luta

Atinou cuidadosamente o queixo do oponente, mirou
e lançou-lhe em rosto o punho.
Destino, desatino! o destinatário desvia-se, e o
                                      [contragolpe
atingiu-lhe frontalmente o atributo viril –
obrigando-o a regredir
e encurvar-se fetalmente sobre si mesmo:
– (...)!

ciúme

Aquele no espelho a quem me assemelho
– um pouco mais novo, um pouco mais velho –
armado até os dentes, que a escova palmilha,
o tabaco amarela,
                    que me diz bom-dia
apesar do que me revela
e que sem cerimônia me olha familiar
sem ver como me espanta com seu ser e com seu ar
será, de repente, o rival indecente
que interessa a ela?

notas de viagem

Interior, noite: o ronronar da geladeira com
                        [volubilidade.
Um prato de lentilhas.
Paciência e esperança. Os grandes temas. Nossos
                        [clássicos.
Solidões ambulantes pelas ruas.
Velocidade dos valores.
O experimento de um incinerar de saudades.
Curto-circuito da frase, num reativar de molas
                        [instantâneas.
Paris acondicionada para viagem.
Temos flocos de neve e de sensações.

prosa

Fomos falando e encadeando frases numa seqüência cada vez mais insensata a golpes de não e sim. Estávamos no centro de um rodopio de signos que vão caindo um por um. Reintegrados a esse dia a dia inconsistente, desancorado. A palidez dos traços que se julgariam impor dando perfil aos afetos, nas largas malhas de um indeciso vagar. Com isto e a objetividade das coisas que se renovam e reproduzem toscamente continuidades precárias num alternar de ânsia e paciência. Indescritível, indecomponível em frases denotativas simples – qual é o babado? Alimentando essas falsas fábulas. Quem diz o que é melhor, o lugar mais comum? Sempre é uma. O fazer e desfazer de manuais manejos. Fôlego e folga.

happy beginning

Nesse mesmo instante
nossos lábios se uniram
por si mesmos
e ela já me murmurava entrebeijos: – Sinto
que vamos nos amar (no sentido figurado) agora
[mesmo.

meditação

Se minha cabeça toma jeito,
não fica do mesmo jeito. Do mundo mesmo,
quero pouca coisa. Hoje, penso,
quase nada.
É um virar e desvirar de coisas internas.
Quase uma santidade, se for.
Do que passou, do que foi,
das coisas que aconteceram comigo,
parece que está tudo resolvido,
concluído, terminado,
perdoado. Problema, mesmo,
acho que não resta nenhum. Só carinho.

fim de tarde

Fim de tarde, com a suavidade da luz recuando devagar e a mansidão do tempo no seu ritmo remansoso. Artes de desconhecimento urdindo-se espertamente para criar essa intensidade tão própria. Fim de tarde de verão, abrandando o calor e soprando meigamente essas brisas avulsas. Reticente por pura precisão, o tempo arma suas volutas de fragilidade e nelas vai sendo leve e levita. Como um livro-luva, impresso por transparências, direito-avesso entrelaçados amorosamente pela fluidez da página, arborescências imaginárias por gosto e vivacidade, eternidade daquele exato instante, algazarra de fadas ligeiras e pétalas.

ergo

Tudo se diz duas vezes, reduplicado. Daí o eco, cônjuge inevitável.
Daí o demorar-se dos acentos.

vinheta

Na quina da mesa
a borboleta pousou, lepidóptera,
movendo-se com a graciosidade de um símbolo.

relance

Não sei até que ponto
a exata recuperação de uma tonalidade
(musical, emocional) deixa ilesa
aquela singeleza
na qual entretanto nosso primeiro sentir se comprazia –
ou desnatura já por natureza
aquele único lance, relance,
revelação secreta e desprovida de sinais
onde afinal estava o que valia
e o que se quer, por se querer, não está mais:
por pura habilidade consumiu-se,
e nosso gesto cerca sua ausência
numa celebração que tanto a faz.

arabesco

Cai o poema, filigrana grave,
precipitado na página alvura.
Longas, frias, vazias – certas letras
somem ao olho que tombando cai.
Marés, marasmos líquidos sabendo
só vento: cisma e súbito desfaz.
Encontro/desencontro varre o visto.
Se desse voz a "isto" e seu gemido
pudesse ir achar ninho num ouvido.
Mansas medidas que não se contraem!

psiconáutica

Com a compassividade a nos olhar
tão na cara,
com o suicídio de cada
gesto ou esboço de fala: com toda
essa modéstia de gala
que ao salvar vai arruinando, delicada,
isso mesmo que ela salva,
indo certeira à deriva, suprindo o oco que cava
e amando nada, uma ova:
em tão boa companhia, volta sempre a velha idéia
de começar vida nova.

pétalas

Por entre as pétalas de isto, um supremo alguém, que qualquer dia nos diria, elaboradamente em pranto, seu nítido lampejo, tartarugas afogadas, e nisto me oriento, breves acúmulos de faltas, falsas fogueiras espontâneas, giz, cal e jazer inane entrelaçado em lianas funerárias e mundanas, como manda o figurado dos sentidos que eram cinco antes de se multiplicarem pela falta de sentido que era múltipla e sorria por entre os dedos do acaso e os dados que os deduziam, números inumeráveis, sonoras plantas e plenas de vegetal intensidade, graves lirismos registram seu oco ocular, cavado por cavernas de sentido que por recato encaravam – segredos escancarados ou secretas obviedades — em mansas concavidades onde espertos se aninhavam, pseudo-animais semióticos que em cisma sinalizavam.

seja breve

Isso de ler e escrever
é por amor ao estudo.
Marx e a vida são breves!
Pode-se querer tudo
desde que seja leve.

sétima arte

Final feliz, cinematográfico beijo, espetacularmente
obsceno.

Que impede o lado de dentro?

Teu seio, o fundo de tua vagina,
regiões aprazíveis onde o musgo
pede licença para espreguiçar-se. Ali
o desejo quer fazer seu ninho,
como se algum espaço fosse côncavo, como se
estar
já não fosse ser convexo
e negar pouso a todo e qualquer cansaço.

página

Mas de qualquer modo foram dias. Todos arredondados ao redor de si mesmos e com o valor que lhes atribui a circularidade do tempo. O tempo: o que impregna todas as porosidades do vivido. Tempo, o "problema" do, como diriam, referindo-se a "ele", os pedantes de antes. Nesse pular de dias. Nesse colar ou descolar de pérolas vividas. Colar. Calar. Calor. Seria íntimo, se não fosse lógico, dizer-te que passei bons dias (buenas noches) ao teu lado, devagar, vagando.

cantinho do leitor

Por obra e arte
de quem me leia
colho e reparto
a lua cheia.
Num almanaque
das coisas tortas
já recolhi
tudo o que importa
e nem coragem
nem esperança
perdem a chance
de entrar na dança.
Ao fim e ao cabo
tudo é demais.
Pouco lhe dá?
Tanto não faz.

cá, entre nós

Você me olhou. Só que isso,
você já sabe, me deixa gago,
               embaraçado.
Feito a meada de que perco o fio.
Quanto mais encontrar agora a frase certa
e alerta
para tocar-te, sem perder o humor. Como acertar
o gesto, o dito que entre nós estabeleça
aquela transparência de corações
que seria algo tão bom, tão oportuno
neste momento, para algum
dos dois?

selos

Antes de poder querer pousar
as mãos, selos precários, sobre a pele
difícil desta tarde,
já os olhos multiplicam por si mesma
esta paisagem, que se pôs alerta. O mergulho é tão vôo
e tão exato o prumo
que os perfis da folhagem se corrompem
para que sua cor, densa, se assanhe.
Amar, agora, se assemelha a um vento
forte e silencioso como a parte
que se cantasse desacompanhada
de uma canção, em pura voz, sem sequer o socorro
de qualquer som, que lhe desse matéria.

Nota aos poemas

Uma primeira versão de "figura" foi publicada no *Folhetim* n° 450, de 8 de setembro de l985. A versão definitiva faz parte, com "estrofe", "por escrito", "arabesco" e "ensaio", do álbum serigráfico *figura*, de Carlos Clémen e Rubens Rodrigues Torres Filho, ao lado de três gravuras originais de Clémen, numeradas e assinadas (150 exemplares; 1987). Os poemas "selos", "relance", "E, de resto, Glaura? Tem ido ao cinema?" e "vertigo" foram publicados na contracapa do *Folhetim* n° 504, de 5 de outubro de 1986; "notas de viagem", "ficção" e "capítulo", no suplemento Cultura de *O Estado de S. Paulo*, de 7 de março de 1987; "prosa" e "cantinho do leitor", no *Folhetim* n° 534, de 1° de maio de 1987; "cá, entre nós", no *Folhetim* n° 564, de 27 de novembro de 1987, e novamente no caderno "De amor" da revista A-Z, edição de maio de 1988; "meditação", no suplemento Cultura de 12 de dezembro de 1997; "de interpretatione" foi incluído na *Antologia Poética I* (publicação reunindo poemas de alunos e professores do Departamento de Filosofia da USP; Autogestão, l985), com um dedicatória para Jaa Torrano e acompanhado da seguinte nota: "O poema *de interpretatione* é inédito e não faz parte de nenhum livro. E, claro, como todo texto, pode ser objeto de múltiplas leituras. Entretanto, convém advertir contra a possibilidade da seguinte interpretação, simplista e redutora: um professor da USP, desses que vivem (tempo integral) debruçados sobre textos, está na fila do caixa do Banespa, esperando sua vez. Na fila ao lado, um *office-boy*, portador de um bracelete no pulso esquerdo. O olho do professor cai distraidamente sobre a inscrição enigmática do bracelete:

NOSTIM

e sua cabeça se põe a funcionar hermeneuticamente, até que o *office-boy* levanta o braço para coçar o nariz e a inscrição volta à posição normal, revelando-lhe o nome do rapaz. O poema seria, de acordo com essa exegese, a descrição daquilo que se passa na mente uspiana nesse lapso de tempo. Ora, em primeiro lugar, essa própria interpretação, em seu tosco empirismo, precisaria por sua vez ser interpretada, à luz da sociologia, por exemplo, mostrando, no mínimo, a diferença de inserção de classe entre o professor e o *office-boy*, o conflito objetivo de interesses etc. E, além disso, mesmo do ponto de vista ideológico, restaria saber se, ao levantar o braço para coçar o nariz, o gesto do *office-boy*, portador objetivo do sentido da História, não estaria repetindo o que Marx fez com Hegel, quando endireitou (ou, mais, rigorosamente: catastrofou) a dialética, que também estava de ponta-cabeça".

A LETRA DESCALÇA
(1985)

É tudo — solilóquio fascinado.
É nada — solidão que se esvazia.
É isto — pensamento pé na estrada,
poeira ao sol poente. Pó? Pois ia.

antileitor

1.
Adeus, leitor, me despeço
logo no primeiro verso:
mal inicio o poema
já não te quero por perto.

Pisque o olho, fique sério,
dê tratos à metonímia,
suponha que faço troça,
ensaio outra faceirice

ou sou um simples gabola.
Mas simplesmente não julgue
que sua desobediência
de algum modo me consola.

2.
As palavras que repito
aqui neste parco verso
para o leitor indiscreto
que repete estas palavras

não são para seu ouvido
(ou olho, se lidas baixo)
mas para se repetirem
em si mesmas, eco abstrato.

3.
Palavras no branco, parvas,
parecendo dizer algo
a sós, aqui entre nós,
que somos – claro – milhares,

algo dão, amaciando
estas arestas tão claras
por vias inomináveis

parcamente palmilhadas.

Nós, achados desatados,
cada um de nós, cada nó
dá volta à letra, laçada:
e a linha corre melhor.

dito e feito

Ninguém. Pois abre-se
feito as pétalas de um segredo
no oportuno deslize
que diz: – Isto. Somente. A vez
era uma. A próxima, a tal
vez. E isto
é. Já justo, feito
de exatidões e molezas, assim
como quem diz: – Isto. Só. Mente?
Sim, súbitas são pétalas
e mentais, como se diz.
Mesmo aqui, entre
nós, cegos ou
deslizando entre meadas, so-
luções entrecortadas,
precipitando
o garimpado na noite
por amor de uns rebrilhos, só.

cantigas de amor e roda

1.
Batatinha quando nasce
derrama um verde no chão.
Meu amor, se está dormindo,
é um navio, na dimensão

onde tudo é pouco a pouco
e a lua vem aprender
a sua calma enrolada
naquele duplo viver.

Pego meu violão sem corda
que é para não a acordar
dessa espécie de enseada
que é o sono, nesse vagar,

e passo a cantar sem nada
pedir nem nada dizer,
sendo que pousa uma rosa
em tudo que não disser,

para ajudar que ela tenha
um sono de mansa lã
que seja a mais amorosa
preparação de manhã.

2.
Senhora dona Sancha
coberta e recoberta
da mais ausente prata,
que for, de vossa casa
e de um ouro tão lento
em que quereis perder-vos
dissolvida por dentro
e por fora instalada

em tão alto silêncio

escondei vosso rosto
para não ver o nada
que encanta o nosso campo.
Em tal falta de rosto
conservai vosso estado.
A vez, quando era uma,
formou de espanto e espuma
vossa figura alta.

3.
Vou-me embora, prenda minha,
ainda que seja doce
povoar o teu lazer.
Partirei, como se fosse

tempo de um longo afazer
e desperdícios de pranto
e campos a percorrer
e ter asas para tanto

prenda minha, desprender.

É tempo de andar atento,
não de encantar teu redor,
por mais redonda que seja
a nossa hora melhor.

niilirismo

É fácil confessar: – Claro, te quero.
O sobressalto desse teu sorriso.
Extravagantes luas exorbitam.

efeméride

No dia em que te vi.
Naquele dia. Naquele eterno dia.
Ninguém diria, mas. Alguém ria.
Alguém tremia e ria.
Alguém tremendo lia
o lido, lindo. O que seria.
O que teria sido, após. Poesia.
O ido, agora,
que você, séria, seria.
Em série, fita
meu rosto, aquele
que nos repetiria. Fitas
o sido, sedas
com o que terias. Tinhas
minhas (inconfessáveis)
linhas. Retro, retrós, é ter
nus, dois, é ter-nos, pois
sim. Ser, idade.
A ida. Sim.
Please,
fica. No dia.

meu amor fuma luís-quinze

Meu amor fuma luís-quinze
(ou então: "usa kolinos"),
tem um olhar tão difícil
que às vezes os violinos

que acompanham seu andar
pela avenida ipiranga
conseguem dar menos sol
do que o gosto de pitanga

que é o suco de seu lábio,
beijável, sem desespero.
Mas o seu batom sutil
não deixa marca nem cheiro.

Assim, meu amor me mata.
O leve tergal que veste
é menos leve que ela:
pobre anel que tu me deste.

noturno da rua Marquês de Itu

Começa na Praça da República
de maneira desde já oblíqua e ambígua
e vai pondo árvores abstratas
em seu caminho.
Passantes passam-lhe ao longo
e ao estreito, conhecidos meliantes
e mundanas
líricas sem escamas e sem dentes
ou de sorriso afiado como um corte,
professores de medo em uniformes
de um azul mais escuro do que o preto
da noite que dissolve esses contornos
e marginais possíveis,
impossíveis trazendo a punição na testa
como um emblema.
O uivo dolorido da polícia
estilhaça o sono nas calçadas.
A culpa pula, esconde-se na esquina,
espreita atrás do cartaz,
dá boa-noite e vai punir-se
no porão do edifício, perplexa.
A rua que se afina segue os fios
do ônibus elétrico:
transatlântico salão iluminado deslizante
caixão claro vazio baleia oca sob
a luz corrompida da lua. A rua
transporta para o lado das Perdizes,
Pacaembu, Lapa, Arvoredo, Tempo
os veículos que analisa, canaliza,
o imaginário corredor que é o ônibus
de olhares furados.
Enquanto, maliciosa, pisca a análise,
a rua calada e fria mais que a lua
vai derivando tudo para o lado
do longe e para ele ela deriva
seu
    sempre
        que é simplesmente um nunca.

antes tarde

– Vou-me embora: já é cedo!
– Fica mais. Ainda é tarde.
Essa luz branca da rua
é lâmpada de Mercúrio,
não Vênus alva (a morosa!):
vamos sorver o momento
enquanto ainda for tarde.

poema do meio-dia

Um céu assim desesperadamente azul
o sol ácido e fixo
e nas calçadas acesas
passeiam casais redondos

Me ocorre que para eles
(prejuízo filtrar-se em meu olho)
mas a idéia desastrada
em parênteses recolho

Todo o sol enche a paisagem
com reflexos de metal
e sufocada abrasada

morre a mente,

morre o mal. E de repente
de todo o meu corpo quente
nasce uma saudade oval.

o senso de amor

botina soalho lâmpada
substantivos em linha reta
Deu-se que te investi
de verbo: vir
até perto de mim, aqui
acolá o frio
Vem, me dá uma coisa
uma lâmpada, um sorriso,
um signo,
seja qual flor.
Vem ou viria?
Não diga mais, adjetivos
ocupam muito
espaço
Me dê um substantivo,
um sorriso, uma folha
de livro
e me faça um verbo
bem manso.
Por exemplo: vem vindo...

postal

Colhi densos amarelos,
fiz maldade com os gatos,
dei formicida às bonecas.
Algodão já não bastava
para beber tanto choro,
o sal subindo nas línguas,
o mar não contendo estátuas,
fogo, fogo, me dizendo
cada notícia engolida.
Brancas foram as histórias,
o rio sem pombas: azul
de veias leguminosas.
Movimentos entre os peixes.
QUE SEJA BOA NOTÍCIA.
Teus olhos nadam no riso.
(Chegue, chegue, meu navio.)

plano-seqüência

Fugiste, gesto? A vida, essa, totalmente fora de mim.
Alheia como vistas na tela. Cinema dos outros. Uma moça
que me quer bem. Pois bem. A ela, eu diria: cenas que
comovem, vistas e revistas, são sempre. Até a emoção é
cena. A inspiração, que é uma forma de respirar e deixar
passar o ar. Pela boca, também. E o ar saindo, metodicamente entrecortado de silêncios, vai formando o que se
chama voz – e parece dizer algo. A presença se adensa.
Pérolas, vôos de pássaro sem pássaro, pouso de plumas,
diretamente, no mesmo ar. Laços, pequenas liberdades,
abstratas no espaço disponível. Cena, cena. Dedos articulando solidões e seus espaços. Refinada química dos
afetos, cristalizações de um fluxo sem nome. Imagens.
Intensidades mentais. A cena estaria completa. Resta um
fio de voz, buscando rumo para o contorno. E é dele que
se trata, súbito.

canção aberta

(para M., obviamente)

De fio, a fio, terei teu nome gravado
no mais íntimo de minha mão, no meu mais acolhedor
mistério. Fumos se espalharão pelos céus
formando grandes matilhas de nuvens em nosso
                                            [encalço.
Riremos, como rimos agora, e nosso sopro
dissolverá o perigo. Mar,
teremos aos nossos pés a água profunda
e cantaremos certa música inaudível, em que nautas
desejarão a pátria e terão frio,

mas nossa união para eles será tanta
que nossa visão será em seus olhos um pavio.

os carros da enxurrada

Tombavam pela encosta
em altas cambalhotas
amáveis vendavais cheios de urros
e os carros da enxurrada
iam desabalados como o amante
pelo corpo da amada vai catando
a inesgotável pedraria.

Gira, perdoa, canta,
meu ágil coração, pura bandeira
de música tecida por mãos leves
para cobrir o corpo quando um dia
tiver estado morto, mas também –
e isso principalmente – para ir
aberta como um livro claríssimo
e sendo profanada pela brisa.

serestas estas

Tranqüila ligação com o ar
são
estas serestas, seres intermédios
entre o frio e o prazer. Cansam-se, porém,
logo. Em que setores
de nossa inquietação dariam flores
invisíveis, paradisíacas?

Tranqüila ligação com o ar
são, porém, se descansadas,
estas serestas
que se destinam a nenhum ouvido
e dão ao que se cala
e ao que nos falta um nome familiar.

senha

– Abra, bradava!
Pode a palavra?
Abra cada. Abra
esses estojos
invioláveis
(não dirão nada).
Branco segredo
tão pronunciado
na concha brava.
Vulcão extinto?
Lívida lava
que deslumbrava?
Palavra dada?
Peço a palavra?
Maga palhaça
que se disfarça
de deslembrada.
Abra! Bradava.

janelas

Minha amada me diz: – Mete.
Céus! Me sinto um meteoro –
e vou indo, feito um globo,
feito um bobo, uma vedete,
um luminoso sinistro.
Ela quer, alguém diria
(quem diria?), ela reflete
compenetrada alegria
por me sentir tão minério,
penhascos e companhia:
essa praia e seus mistérios.
A natureza copia

o que inventamos, aéreos.
Minha amada me diz: – Vem.
Um turbilhão nos trabalha.
O mesmo nos atrapalha,
como quem diz: – Eu também.
Palavras giram no avesso
e nelas nos reconheço
alados, entrelaçados
e realçados por essas
sombras de traços,
espaços
de intraduzíveis janelas.

a glória swanson

Tampe o açucareiro, *honey.*
Senão junta barata.
Senão junta formiga.
Senão junta barriga.

Mais vale juntar barrigas.

poema semipronto*

Dante fez o que quis.
– – – Beatriz.

---

*) Adicionar água e levar a fogo brando.

desdobramentos

Folhas folhas
        flores flores.
Dias compondo
        dias. Compondo
pombas. Ligando espantos.
    Máxime se vieres,
compenetrada, mas densa
de vínculos,
        vitaminas,
crescendo a festa, a lembrança
morrendo. A luz vadia
marcando os intervalos.
Calor. Nítidos medos.
Estranho prazer aninhado
        no rosto.
Minas, pontes,
a geometria do mal. A lupa
adivinhando encantos,
        relações cordiais,
comidas
    sem falsos ódios.
Trigo, leitura, alfaces
mansas. Talvez
        negócios, olho por olho.
Basta de fitas:
a cor é suficiente, se faltar.
Grave o nome
        sobre a superfície de isso:
rosa um pouco
        um pouco nada.
Nem eu nem eu nem eu espero
mais ajustes. Tal é o preço
de conhecer.
        Brancos tapetes, enrolando

o corpo, rodando
             dias e dias marcados.
   Pés para o chão,
             maternais os pisos
em que a noite se deita, familiar,
para que possamos,
             se cinco,
valer. Único é o
             momento de saber-te. Dei
flores mortais, acasos
             admiráveis. Converti
pavor em doces, chocolate
             em consolo. A mão, esperta,
abriu as possibilidades
             de florir. Gratos, os rios
verteram-se em conversa.
             O bem, vencido,
aderiu ao plano do desenho
e incolor gerou
formigas
       travos
             incoerências
e mais, quanto sabia
             ou aproximava.
Logo os esquemas, com proveito,
duplicaram. Música,
turva, era magia, grito de amor,
tudo com plena
             presença.
Calar valia. Mas a densidade
de tudo quanto
             ia.
Mas o esquilo. A taça.
As janelas no teto,
             iluminadas.
Ah, quantas vezes
             poder e possuir. Agilidade
dos animais da sede, elétricos
e enternecidos. A lei
             de estar.

Tiradas as medidas,
                horas triplas,
tudo com grave seiva.
                      Rios de corrosão
silêncio envelhecendo. Mar
                      total.

Depois
     o pensamento
          difusão horizontal.

botânica ao pé da letra

– Estas plantinhas são mudas?
– Pelo que me disseram, não.
– E o que foi que elas disseram?

clorofila

Verde mar, verde rio e verde pranto
que choveria em verdes matas prisioneiras
aprisionadas neste longo e frio amante
que fui, para nós dois, na sexta-feira
da solidão.

As borboletas lúcidas na treva
que por artes de ausência vêm caindo
em chuvas-lantejoulas vão cobrindo
as lajes destes bosques, clorofila
irrespirável.

São páginas colhidas, escolhidas

que este vazio por dentro desescreve
e o tempo reinscreve do outro lado.
E nós, por dois ou três, unidos por engano,
partilhamos o frio, que só nos damos
sob condição, à espreita ou de tocaia.

Por trás do olhar dos lírios vai roendo
algum sutil inseto iluminado
que sabe dos desertos e a cavá-los
galopa nesse nada que o devora.

(duplo) resíduo

Antigamente eu acreditava nos direitos
de minha subjetividade soberana.
Hoje em dia não há mais direitos nem esquerdos:
um fio apenas, sem espessura,
marca o limite do mundo.
As árvores de Montparnasse – que sentem (na cor) o
[outono –
têm mais folhagens que a alma.
Desta, o verso diz: está vazia;
tem tais ou tais compartimentos;
tal deles vai pior, tal menos mal.
Mas o trabalho da calvície
parte de uma problemática diferente
e vai em direção oposta ao da navalha.

isto

Veremos o que resta,
 menos isto.
Seremos o que dista
 menos disto.
Teremos a distância
 e seu registro
retido como marca.
 Manso? Arisco.
Sinal que colhe o olho
 quando pisca.
A pálpebra veloz,
 oportunista.
Veremos o que resta
 ou sua pista.

Queremos o que basta
 e que resista.

brio

O que se cala em nós e é tão patente.
Aquilo que nos une e nos deseja.
O trânsito dos dedos pelo rosto – e a vertigem
de uns cabelos
aonde as flores pousam bêbadas de dor.

Cabe a nós, por delicadeza,
a mansa circulação dos líquidos
entre suspiros de abandono e gestos articulados.
O céu se veste de outras ironias – manhã
posta no ar, clara
como este despetalar de notícias.
Espécie de tudo adensar-se, mas não
é tão
estar sozinho
compartilhar bem a solidão. Você

parece tão docemente e é próximo
estar falando dessas coisas. Vale
marcar o ponto: situar-se
e
o outro
seria o nome próprio que nos dá folga para existir.

o não e a luva

Intervalos de sorrir
em forma de meia-lua
vendidos por preço vil
vão espaçando a valia
bem melhor que a solidão.

Olhares que cegamente
devassam o vasto azul
são redes cobrindo sedes
trançadas fino e sutil
nos desertos de algodão.

E eu vou tramando palavras
passadas a ferro e fogo,
limadas até o caroço
como se fossem preciosas
pedras polidas a mão.

O tempo, que não perdoa
nem dá tempo para o sim,
não cabe aqui nesta folha
e nem convém a ninguém,
é uma luva para o não.

minguante

minguado lirismo,
ó almas do terceiro mundo:

a palavra LUA
traça
    um crescente, se tanto

já MOON,
    duas
      e cheias

nos tempos do verbo luar

ler nem escrever ela sabe, la moon.
....

*mas e daí
a princesa selene não aprendeu coisa alguma
ultra ocupada sendo aquele seu lindo sim*
                e. e. cummings

1.
Se no vilão silêncio sempre
a calva lua se arregala
é tão fatal, falando dela,
deixar o verbo arredondar-se
quanto ser mudo e malcriado.
Sim, por obra do horizonte
abre e fecha o mal armado
ex-figuras de outra tela

entrelaçada no avesso
às formas da lua estatelada.

2.
Sol, farol do medo,
e você
   lua,
      cimitarra
erguida sobre a haste do silêncio

3.
Foi dito pelas palavras
que do que dizem não sabem

silêncio susto silício
(vã palavra, vãs palavras)
já de início sacudido
por soluço em vez de fala,
declarado como indício

precursor da gema clara,
raridade ou compromisso
que não nos quis para isso
e se inventou ao contrário.

4.
(a literal a limpa a lisa a nua
que no clarão da rima continua
achando modos novos de luar

5.
Sabendo de vagar, de estrelas lisas,
de olhar pelo que falta e de intervalos,
sabendo de esperar – o rosto avulso –
mas sem perder o imperceptível prumo
que atravessava o alvo, sem tocá-lo.

prosopopéia

Certeira, bico em brasa, ave veleira,
céu sustenido pela trajetória
caindo horizontal como sorriso.
Marcas e convergências corrompidas
de certos patamares: a partida.

Estacionava nítida, com folga,
até onde o azul comparecia.
Fica valendo o dito: cravo a rosa
cercada de sinceros artifícios.
Semente semelhante a quem semeia

tantos sinais, anônimos, precisos.

pelo sinal

Eis que teu nome é longo, Persígono,
e invade a outra metade. Cru

cifixa-te o entre-sido
que é o mal que me deixa ambo.

eu, hem?

Você mesmo haveria de saber
melhor que qualquer um (mais a valer).
Quem outro? E quem iria te dizer?
Alguém como você, alerta assim,
com boca, olhos, cócega e razão,
seria você mesmo ou mais alguém?
Esta pergunta não vai mais além.
Se te encontrar em casa vai caber
nisso que você chama de ninguém
e está muito sensível (eu também)
para achar pouso no verbo sofrer.

soneto

É de cantar que se desiste e nega
em algum canto – assim pequeno e único –
e defendido por paredes muros
de um coração maduro, duro e puro:
de um coração, couraça do futuro,
negando espaço às margens do soluço
onde nem cabem essas amizades
nem haverá chorar por nenhum furo.
À força de recusa, sóbrio abuso
de todos os limites que se usam,
ninguém dará lugar à dor intrusa
que ficará doendo lá na rua

como algo que só dói, obsoleto,
por não caber nas formas de um...

psicologia da composição

– Para que o poeta escreve?
– Para não esquecer.
– Para que então ele publica?
– Para esquecer.

apócrifo

Só posso te chamar de imperecível,
por insistência tua, ó fulgurante.
Te reencontro como emblema ígneo
em meus caminhos, tão retornos de antes
que te revejo como um óbvio ovni.
Como remate, te atravesso incólume.

prosopoema

Mimos. Momices. Reinações enluaradas.
Momentos de bom humor no Motel Blue Moon,
aliás Lua Lilás, na nossa tradução marota
e casta, escondendo outra, mais livre,
lua pintada no céu da boca, e em letras aladas
sobre o corpo alegórico: UNIDOS DO ARENOSO,
era o que se lia. Estandartes de sono, estilizados,
que a gargalhada estraçalhou gentil.
Mil flores, mil gerações de rododendros,
risos arredondados, rendilhados, pluripetálicos,
multifaceiros, finos, enfileirados
ao longo do mutismo que quer florir
do fundo do mais fundo – fecho-relâmpago –
para melhor luzir.

ao pé da letra descalça

Quando tomei tuas mãos miúdas
tu arregalaste manso os olhos redondos.
Faz muito tempo, isso.
Georg Trakl, *Abendlied*

1.
Volvendo, revolver essas ariscas
serpentinas sutis que se enovelam
e se enrodilham no teu olho ilhado
(– e um pouco úmido, talvez, às margens).
E responder por mim, de forma oblíqua,
como se prestasse. Mas atenção:
o redondo é da face
e está durando, a sós, como nós somos
o oposto exato.
As formas de dizer-se: dicionário.
As formas de calar-se: também várias
e entrar por uma delas é caminho
incerto de sair-se do outro lado
(por onde se extravia o pensamento
volvido a si e devolvido ao largo).

2.
Por onde se extravia o pensamento
e se rebusca em vãos e pelas traves,
por lá passam também aqueles rios
desocupados (passam ao contrário)
e se esvaziam, ávidos, a vácuo.
(Despertam em minha língua os monossílabos,
proparoxítonas explodem: a linguagem
quer retrançar no avesso a sua trama
ao pé de cada letra namorada.)
Volvidas de olvidar, valsam comigo
e vão
perdendo seu vagar por entre linhas.

3.
Por entre minhas temperadas margens
temperos, temporais e passatempos
fazem passar o tempo como passa
botão desabotoando pela casa
e asa pelo vento. Assim
se diz: – d i c ç ã o (sílaba, vírgula, labial, libido).
Entre dentais e fricativas vai a língua
bulindo nomes para o que é querido
e não se pronunciam sem um sopro
(se invento um pouco) os prazos do prazer
a quem ficasse aquém e (desta margem)
visse paisagem também.

4.
Os pais agem tão bem que na paisagem
os pais agem também: serpente repentina, sol solteiro,
lua que inunda o fusco, cio, maré.
Na via enviesada (ou brusca do sentido)
a letra vai a pé.

5.
Lá vem de volta a estrofe e arredonda sua ronda
afivelando, a fio, tudo o que prolitera,
tudo que é flor e fera, mesmo a esmo
(e a prole, hetaira ou santa, é o que menos valia):
já podem consumi-la, ao forno e na medida.
E elas, volvendo, à risca, volvem revolvidas
por cios e sóis – e só. Mas tão perdidas,
tão desvalidas por estas escalas
que já podem fisgá-las
teus claros olhos anzóis.

98

uma prosa é uma prosa é uma

Lavro a data. 16 de setembro. 1978. Sábado. Sem outro sinal de pontuação para saber que o tempo passou e está passado como que por mim. O interesse de colocar esses pontos, pingos, o interesse de deixar registro rodrigues o de estar aqui simplesmente e voltando pelo mesmo caminho a escrita inventa a escritura e nos pousa nas linhas que vão seguindo a pista para dentro – de fora para denso – de dentro para fera. O que então. Talvez o sempre, nem sempre e nós: anoto aqui e nada nos preocupa sem termos jeito de escapar ou encapar o acaso emaranhado. Se digo mais, não digo nada, pois basta não saber e entender, ler e deixar valer como isto, que não nos abandona sempre, apenas quando. Meu coração é o caminho que ele mesmo abotoou – olhando em frente, em torno, feito um celeste girassol e à noite giralua. Após os pingos nos iis, a possibilidade de se aprender o rumo pelo qual – após o resto e isto – unilateralmente, como sempre. Vale por um pouco – pouso para irmos e a vontade (essa!) não quer o que sabe. Caminhar atônitos pela temporada que dura e durar pelo ágil e o apreendido num átimo. Foi (terá sido) por uma necessidade ou outra que os giratórios ondularam sem mesmo o que foi mesmo e tudo se deixa disparar. Este é o fim. E o começo com isso?

minimal

E afundamos nessa nossa maré magnífica.

pizzicato

Isto que só
nos ilumina
e por si só
choca e combina
luz de farol
e anfetamina,
frágil dragão
que nos calcina
com sua flama
gigante e mínima,
hábil bailado
que desafina
horas a fio
e nunca rima
nem saberemos
se discrimina
brancos e azuis
nessa doutrina
em zigue-zague
(doce gerrilha!)
que nos atrai
e nos abomina.
Tudo termina
em vítima ou sina.
Tudo anoitece
quando termina
e logo esquece
a boa lição
que nos ensina.

epoptéia

Faço teu elogio – você é linda etc.
Suspenso por um fio, sem dor
nem o menor pudor, de cara aberta,
nervos à flor da voz, veloz
como uma borboleta em gala extra.

Figuro-me um altar, na perpendicular,
e fujo por um ângulo, estafeta.
De todo esse manejo resta ver
onde ficou, se é que ficou, a rima certa.

branco

Este poema me mandou calar.
Intercalada voz esvaziei.
Era certeira vez uma avestruz
metida no orifício do talvez.

O verso dava a volta, circular.
Seu vício é repetir o que não diz.
O branco era veloz,
na página, imortal, pedindo bis.

Banhada por um sol gramatical,
a fala articulada é este vazio.
Seu único roteiro: resvalar
pelo redemoinho de um funil.

Pingaste no papel, ponto final.
A ponta da caneta te esqueceu.
Sinal, deixo-te só
retido na retina de quem leu.

O VÔO CIRCUNFLEXO
(1981)

*O que é vestígio, investe e instiga
ou, se é do olhar, investiga.
Um ao outro: o olho se olha,
se se recolhe em si, se se desfolha.*

por exemplo

Ao que se chama oceano: ponto,
pego, ambigüidade
ou simplesmente mar, nas horas densas;

ao que se diz das coisas invisíveis,
a saber, choro e vento, tempestade
dentro do abraço,

ao que se espera quando a noite é lenta
e se alimenta de pássaros suicidas

somo
esta notícia:
de teu nome gravado nas laranjas
e outros hábitos maiores.

Por exemplo sentar-se com gerânios
e a água que isso inaugura nos teus olhos.

circunflexo

O vôo circunflexo de uma ave,
ponto de exclamação e convergência
de um olhar mais que nítido: vazado.
(— E, transpassada por um vento externo e interno,
a praça, com janelas para a praça.)

Deixamos de esperar que alguma dança
perdoe nosso espaço alucinado.
O desenho dos gestos se extravia,
a dor se agrava, grava em nós seu mapa.

Pouco faltou para que nosso invento
tivesse sopro, fosse além do traço:
navegação, mais rápida que a barca,
ia tecendo sua própria água.

As linhas, uma a uma, caem mortas
diante desta manhã, trava, aguçada
pelas doces palavras
          desarmadas.

as águas fluviais

América, ventania, América. As habitações inundadas,
as embarcações sendo quase imaginárias e, nos intervalos,
que perspicácia da água!
Pusemos os óculos de chuva e nos sentíamos preparados,
ao menos por dentro, no mais durável de nós.
E se me detenho nessa analogia não é por falta de fôlego:
de chofre, éramos muitos, na clara insensata correnteza
capaz de dar lugar a uma espécie de qualquer esperança
dura e ofuscante, uma luz que nos chamasse para sermos
nós mesmos, os tristes, os ignorados, o povo em peso, com
sua crença no pão de cada dia, que pode ser afinal itinerante,
mas basta. Ah! rói as cordas do violino, este adágio. Nada
do que se arranha com os dedos, nada do que se compreende
com a cabeça: alguma coisa entre os dois, invencível.
Penso nele e em mim. Meus dilemas, meus desesperos,
minha vaidade ingênua. A ponta de minha lança, dirigida
contra o vento. Aderimos ao entrelace dos fios diários,
empregando a mesma astúcia que as flores para florir.
Pedi perdão por alguma palavra mais gratuita, e as con-
versas se simplificaram. Os outros, à deriva.
(— De leve, como se seu pensamento se ligasse um pouco
às franças, às liberdades prateadas, a tudo o que se via
da proa, ele entrava em estado de graça. —)
A que saltara recomeçou a cantar, como se estivéssemos

a milhas do local, designado entretanto há bom tempo e desde cedo assegurado. Por isso o sol, como de hábito, se pôs.
E ela, despida como estava, com a respiração ofegante e conservando entre as pernas aquela inútil recordação, sorriu de permeio à folhagem, dispôs as mágoas em leque e recolheu-se, a perder de vista.
Pensei no retorno. Mas o rio... o rio... era a própria inocência.

FIM

Elgin Crescent

Agora demora no canto
    do olho
um ameaço de lágrima.
    Um laço
em que o riso tropeça,
    uma peça,
o sorriso de um traço.

Um pedaço de síntese,
    um arco,
um crescente, se tanto,
    no canto
do olho demora agora
    por enquanto
    por encanto.

imitação de mozart

1.
É bom morrer d'amor mas não
viver do referido material.

As flores abrem asas de manhã
à noite pousa um súbito metal.

Queremos bocas pandas, ar repleto,
mas teu corpo é meu travo mais direto.

Ao longo se dedilha uma outra urgência,
mas o teu corpo é campo de paciências.

É bom cantar d'amor mas não
desencantar o clássico animal.

2.
Assinalado, perfeito
é o corpo de que te assisto
na minha noite mais crua

e te destaco do peito
como teu nome insinua.
Ao longo a fala que deito

e nosso espanto pontua.
À margem direita isto:
o choro, em alto registro.

canto alíseo

Elisa, filha de Ocre,
doce retina povoada de nunca
tal que uma rosa madura,
mentindo sempre, como se nascesse,
Elísea, enfim, oceânica,
que é o pensamento das águas ruivas
e a solidão dos mais mansos rochedos,
foi essa mesma Relisa
abrindo em sua voz mil campainhas
e inventando orvalho, abril, cerveja,
revolução nos cabelos e no ombro
e ligação com as coisas mais tangíveis,
foi ela, perdição e provimento,
visão da fonte e do sem fim do espaço,
que sendo mais noturna do que um fruto
e mais contentamento que visível
levou aos olhos recantos
imagináveis sem caleidoscópios,

como se fossem luminosas as paredes
e todas dores lugares de conforto.

janela da lua

(tapeçaria)

Que maravilhas,
que desesperos nos destravariam
se estávamos aqui, atentos,
e ao longo dos cabelos nos traíam
já algumas pérolas, gotas amargas,
a fio. Rendas tecidas a lágrimas
especialmente tensas em sua rede

sensível, ágeis manufaturas
mais tênues que seus preços
entretanto justos e úteis. Amor,
feixe de nervos, doce harpa
tangida pelas rápidas ternuras,
bem sei qual esplendor tu sonhas com empenho
onde pousar, pacificado, teu marulho:

figura clara que na água iguala
o peixe ao vôo, lúcido de dor.

anulaluna

A lua, mestra de aparências,
acaba de queimar-se. Frio, persiste
seu contorno. Ela, oca,
suspira apaixonada.
            Ah, verso
verso meu resista
a essa dura escansão. Chame umas pombas
para pousar no ombro, outrora alado.
Saudade ache pouso deixe estar
meu curto coração

pois haverá manhã se deus quiser
ou mesmo que não queira, à custa
de tanto (bem
       ou mal) amar.

desenvolturas

Nós nos queremos bem: ah que derrama,
que hemorragia de sentimentos!
Irmãos! que almas transparentes temos!
O chão nos foge sob os pés, tão leve.
Podemos nos olhar pelos avessos
que é tudo luz. O bem que nos queremos
nos santifica até aos intestinos.
Que vísceras de vidro! Que evidência!
Meu pênis se eletriza — é um travessão! Um hífen!
Um traço-de-união entre duas almas
tão juntas, tão aninhadinhas
uma na outra que dá gosto e enlevos.
Nos sabemos de cor, rosto e relevos.
Tudo nos dança: umas fosforescências
embevecidas lambem nossos beiços
e um simples esplendor nos satisfaz!

o pequeno desconsolo

O pequeno desconsolo
que entravava nosso peito
foi abrindo seu caminho
para instalar sua fenda.

Ah fundo de um cego espelho
onde anteontem perdemos
nossos olhos inocentes.

Agora sentimos grades
em vez dos braços, sabemos
o desemprego dos gestos
com que nos aninharíamos

um no outro, sãos e salvos,
se a natureza seguisse
a clara lei do desejo.

sol e chuva

Quando o sol nos agradece
o dourado em nossa pele
já a relva se sente melhor
e começa voluntariamente a crescer.

E é esta magia navegável
que encanta o sabor das frutas
e escandaliza os interessados
nos pontos mais vertiginosos de sua anatomia.

E mais, se não me engano: a água
lavando a chuva por dentro.

licença poética

Quando teus olhos absortos na espera
de vidros mais reais que a transparência, quando
pousar e repousar um novo e claro isso
sobre ela pedra,
já somaremos corpo e luz e, divididos,
água.

Quando, diremos três palavras. Tantas.
Não será pouco
o
que negaremos, lento sobre o lento,

mas já a mão é sábia e já um canário
imita o simples, sendo mais inteiro.

Gratidão é meu nome, diz a fala. E
pouco a pouco pertencemos
ao segredo
que se derrama em mim e faz morrer
o que for pouco:
        pede licença para ser pássaro.

a forma

Esplendor de tua voz, partida,
chamando flores para a eternidade:

essa lição secreta de martírio
e solidões abertas.

O que for pouco é muito, se for justo,
como cigarros mortos no tinteiro

ou a esperança de uma estátua extrema
sem coração batendo horas, incompleto.

Que me grave na pedra. Poderoso.
Que me desenhe em sal: árvores, ângulos

exatos e visíveis. Sentimento
não é matéria que alimente o espaço.

Coração, corpo aberto sobre o corpo
mas já mudado, tanto vira a hora,

e cada gesto novo é o seu silêncio,
tamanho dele, que não se distingue

e desespera, ainda que maravilhem
teus longos olhos desertos de olhar.
Basta cuidar da forma, simplesmente,
seja a forma do pranto: vertical.

redondilha

Deflorei a margarida
tão pura do meu jardim.
Ela agora, sem recalques,
é rosa de mil encantos.
Eu sou morcego, sou negro
profeta da perdição.
Ela dança com as folhas
auri-verdes do perdão.
Eu, seu amante e carrasco,
sou alvo de duro asco,
cavalo preto, de casco
cor da lua candidata
ingrata da oposição.
Margarida cor de rosa,
mas com outra transparência,
orvalho sem virulência
caindo em tua pestana,
permita que eu desvende
sem ser indiscreto, creia,
tuas outras qualidades
que o mundo esquece ou cerceia:
a curva de tua anca,
o aparato de teu seio,
a avenida de teu corpo
que dá mão para o infinito,
as outras tantas marias
provindas da mesma concha
despetalada ao luar.

Vou dizer, deus me castigue,
as horas claras que tive
e você teve, admita,
em nossa chã companhia.
Como rimos e pudera,
num espaço tão restrito.
Como nosso canto era
refratário a todo ritmo,
menos ao nosso, ao interno,
que se fizera perito
em persistir sem remédio.
Sim, fomos, se isso te agrada,
amigos mais que perfeitos,
como a água o é da sede.
Hoje ainda peço trégua
e me espanto de obtê-la
para falar de teu zelo,
de tua tranqüila jaça,
de teu riso. De teu gelo.
E hoje sem que se aprove
nem se renegue tal feito,
só sobra, mal naufragado,
este atônito relevo
de medos, fios e penugens
que se dissipam bem cedo.
E se conto tais estórias
não é por falta de sono
nem para alimentar o metro
desta falsa redondilha.
Mas para que o povo saiba
e no porvir não omita
com quanta insônia e vertigem
se faz um pouco de música
para povoar seu ouvido.

matissemorfose

Eis o vaso.
No interior do qual
giram três peixes.
Ao redor de quem
cintila o vinho.
Presente, em vidro, o
vaso, mais aquário
do que vaso, menos taça
do que o
    vinho.
Pois os peixes
são mais peixes do que flores
e o vinho (esplendor!) é água.

discurso de saudação

Comunico-vos, senhores, nesta mágica data, que as mais espantosas visitantes vêm inaugurar nossa cidade e que todos os passos retornam e que todos os olhos repassam para acolher a mais límpida dentre tais: Rosa de pêsames, bailarina onírica, feita de fios e consentimento, azul como todas as rosas, lenta como o amanhecer. Ei-la, nos limites da contenção, transplantada do caos, modelada em sua solidão higiênica, despida de atributos têxteis, marcada ainda pelo sono de que sobremaneira desperta. Pois ela vem, sem dúvida, verter esta visita, dentre todas as nossas súbitas visitantes a mais nítida, a que se consome no máximo equilíbrio formal. Direis: "Se como, quando?" E eu me sinto lúcido ao vos responder: "Então." Porque é ela quem, calada, mente e, música, esplende e, solidão, deriva, exata contra nós. Ponhamos. É essa sua iluminação. Por isso, senhores, é grata esta hora é iníqua

esta decisão é rubro este consenso, e eu, comovido,
pequeno para tamanho acontecimento, peço-vos uma
salva de pranto para essa lenta, para essa inúmera, para
essa imparcial, redolente, visível dançarina de espaços.

(aplausos)

quatro sonetos

1. *quinhentismo*

De tanto haver mentido por amor,
de tanto haver amado, por mentir,
encerro minhas contas, dor por dor,
como quem fecha o livro do sentir.

Ah sentimento, filho de uma boa
mentira própria-alheia, reversível,
o tempo que gastei amando à toa
me separou do mundo do visível.

Agora a claridade fere o puro
olhar de minha dor c'o saldo frio
dessa doce viagem pelo escuro

e me custa aprender que é caro o juro
que tenho de pagar, dias a fio,
a caminhar no claro, no vazio.

2. seiscentismo

Atro clarão: na cara da pantera
minha simplicidade se abre em fera
e, pura boca, escancarando a espera
enxuga, enxuga a cântaros o rio.

Cantiga antiga, este soneto espera
ter fôlego, equilíbrio e desvario
para o que der e for, vier e frio,
para o que fio e flor, em que me afio.

Ai, antes e depois, por onde andamos
a onda é vaga e a vaga vagabunda.
Ao ouvido do tempo sussurramos

tais exigências, nos abandonamos
a tais velocidades que a profunda
superficialidade disto nos inunda.

3. oitocentismo

Onde pousou o olhar, sonho de um ninho,
o côncavo restou, exposto a assalto.
Se venta, ou há algum frio, esse escaninho
desenha a bico fino seu formato.

Dê-lhe almofadas, calce sua sede
dos mais macios e engenhosos calços.
Não sei se distraí-lo não agrava
o gume que ele tem e ainda o cava.

O tempo não o acalma, antes afia,
e nem dormindo cessa o seu trabalho.
Fosse ferida! que cicatrizasse

como uma boca que por fim se cala
e não esse prenúncio que se instala,
crucificado, entre o bálsamo e a faca.

4. *existencialismo*

No fim das contas, que me resta? O sono,
o despejar meus restos na privada,
o querer tudo, não poder mais nada,
não responderem mais se eu telefono.

Ir à cozinha, no meu abandono,
comer um pote dessa marmelada,
voltar ao quarto, pôr o meu quimono,
deitar na minha África sonhada.

Ler um pouco de Sartre, abrir a boca.
Riscar num bloco uma bacante feia.
Ligar o rádio: uma cantora rouca.

Sentir meus olhos grávidos de areia.
Sentir no fundo uma saudade (pouca).
Ir olhar que horas são. Duas e meia.

hermetismo

No mundo vigem espelhos:
nem domicílios dos olhos
que se emaranham no vê-los

nem ninhos da ave nova
nascida por obra própria
de si mesma como ausência

mas sim janelas oclusas
por jogos de profundeza
que falam de transparências,

olhos de duplo sentido
cujos vôos, desferidos,
deixam restos imortais.

viverá

(farewell waltz)

Adeus
amor
eu vou
partir
ouço ao longe um
carimbo
retumbando no passa-
porte.
No céu
ouço pingar
longe uma estrela fria e
cordas
enlaçam
malas que arrastam
cordas que atam
malas que embalam
outros artigos:
3 toalhas
e sua
pluri-penugem, lenços,
meias, livros, nosso amor, 1 sabonete
preferido por 9
entre 10 estrelas frias
que pingam
no céu cor de
longe, es-
puma acariciante e cordas
arrastam
arcos que fiam
uma fina melodia
ao
longo do
horizonte e filtra
na terra, onde for
nosso amor que

viverá
viverá
viverá

barcarola

A barca rola
na onda que enrola
e desenrola
o mar.

Um bom sol bóia (e não
flutua, função
da lua).

O mais são frutos
de vento em polpa
e damas nuas
de medo e roupa

que se desatam
no ar.

A barca rola
na onda que enrola
e desenrola
o mar.

linguagem

Meu canto se agrada do agudo
e do escasso.
Por isso sói perder-se em olhos moucos.
Ele se distancia do precário
mas por um fio tão fraco
que tem o sentimento claro e pouco.

Por isso Deus se cala em suas ramas.
Só, na escala,
me fala um comovido itinerário
de peixes sem miragens nas escamas.

Meu canto acaricia
a água vulnerável
e a restringe em perigosos vasos.
Dorme com ela? São indagações
cuja resposta é o contrário da linguagem.

mas o cisco

Corre o risco de escrever.
O risco da escrita corre
pela página deserta
se meu coração disserta
sobre o susto de viver.

Mas o cisco de entrever
colhe o disco da pupila
nos sulcos do acontecido
no giro do acontecer.

A trama — o texto — tecido
na ponta dos atros dedos
ao fio dos medos ingratos
corre os riscos correlatos:
ir & voltar. Ler. Reler.

ab ovo

Não é novo ser poeta
mas ser poeta no ovo
quando o poema é uma seta
e fura os olhos do povo

se não há fala direta
em quantas palavras movo
é como ser um profeta
dizendo: NADA, de novo.

E que espaços de silêncio
vão nos silêncios que chovo
se me comovo não vendo
no ovo o vôo do novo.

arte poética (sic)

Entre a fala e o desespero
a curta canção que nasce
não pede a um nem à outra
o fio que lhe desse o traço.

Ela fala, entre uma e outro,
do espaço onde cai a pique,
suicídio, entre o gume e a faca.
Se lhe dou asas, festivo,

para fazê-la mais rala,
ela sabe recusar
o que pretende cansá-la,
domá-la ou domesticá-la.

É mais arisca e se arrisca
entre o gume, o fio e a fala.

Tem firmezas de arremesso
e desesperos de gala.
Sua marca é o fio avançando,
nem sim, nem não, só viagem.

an-verso

A ti, furo no escuro, caixa
de ressonâncias, palavra,
te digo: —Se sei, escuto,
onde está o eco, teu oco:
                      o fato astuto.

De mim, não sabe a metade
e a outra metade resvala
ou revela pelo avesso,
                      precária.

Assim, te digo sem mágoa
(se não dissesse, pensava):
— Te espero ao fim desta página
para, aliviados,
            virá-la.

matéria-prima

Esta palavra contém
um poema
este poema não
contém palavras. Uma
palavra
e
outra
dançando a ciranda
compondo o
colar
Dou-te o colar
queres as contas
que são as contas
sem o colar
Palavra água
palavra sede
feliz encontro
onde bebemos
sem freio

puxa-palavra

Palavra puxa palavra,
tristeza puxa tristeza
e o mundo, de tão redondo,
vai ficando uma represa
fechada até pelo alto,
palavra puxa tristeza.
Ponho todo o meu carinho
na curta flor de meu vaso.
A flor vira passarinho
e voa sem fazer caso.
Carinho puxa tristeza,

tristeza não puxa verso.
Converso devagarinho.
Ai, receba este recado
enviado de tão perto.
Madame não quer ser pura,
venho tomar chá com ela.
Madame quer que eu cavalgue
o dorso de uma pantera.
No começo fico tonto
mas depois fico sincero.
Carinho puxa palavra,
palavra puxa mistério.
Vou ficando convencido
da constelação interna,
das flores assombradas dos frutos do inesgotável rio correndo para dentro formando ilhas limo mágoas maiores menores e médias que alagam vitoriosamente os amenos verdores cercados de flores agora trágicas que outrora domesticadas piavam, péssimos pensamentos ao redor de teu corpo minha praia me calo para melhor respirar mais profundamente fumar, o rio dos olhos não, esse corre para fora etc.

3 expoemas

faber

obra: nosso comunicado
                        ao exterior. O
lápis estilete dardo a
ponta amarga. Ah
mar alga salgada
                labor

persona

desmascarado malencarado
da cara máscara mas
um olho cala, outro assalta
o reverso da muralha

filho da gruta esse astuto
granito que se esganiça
o extrato que a boca arranca
sem o metro que a trabalha

sphynx?

Fatos e fitas. Veleiros
singram por istmos ínvios
desenredando segredos,
paradigmas, paroxismos,

se se decifra este signo.

crivo

Seja o verbo luzir
     e a pomba luz,
mas fixa, trans-
    verberada.

Límpida lâmpada, é só alvo
a alvura. Salvo
essa perene sutura futura.

praça

Por um extremo,
a solidão do ovo, a ponta
da presença. Fundo
e lento e abstrato e rubro e pó
como uma fonte de petúnias,
                         à noite,
violeta contra o sul.

A nova sagacidade, espetada no centro
de um sonho ou de uma luz.
Paz para os olhos,
que nada mais tem o seu rosto:
o que se dana
o que se esconde na frente
e grato se desfaz
           primeiro e último.

Amadurecem as pombas,
                gesto voado.

pari passu

Contra o medo
(segue)
contra o sol
(segue)
o aço contra
e segue,
dor tamanha.

De noite em noite caminhando intensos ai de mim caminhando vãos, pés em diante braços pêndulos tic tac. Que olhos maduros. Pé e pé. Que olhos maduros porém distilam um longuíssimo perdão, como a água, por exemplo, lavando a chuva, por exemplo, vai e vai.

        Dorme enroscada
        em forma de gata
        a força
        do braço que entretanto saltaria,
        se.

Pé e passo, dois, três, andado, a lua cresce por dentro e eis a boca, que entretanto cantaria. Pior: beijaria,
        se.
        Tantos passos idos, vai e vão.

Mas é pouco: já a família, a espécie, amarra a elevação do punho, e só resta um caminho para as lágrimas: descer.

        (O que vale: o salto
        dentro
        amadurece.)

as mágoas lustrais

(la paloma tonta)

... mas em contraste com os preciosos trastes acumulados ao longo das despensas inconscientes que nos ruminam, o fio das coisas vai-se acentuando pouco a pouco e estão paradas no tempo esperando. Quem e quando e como nos espera? Só se sabe o que foi ou o que ficou. Muito morre, o resto fica em penitência. Figuras preciosas por causa de mim e que se dissolvem absolvidas sem conhecer a paz desses lugares, desabitados talvez, onde a memória pasta. O descandelabro a iliberdade o renitente ócio companheiro recalcitrante indecoroso pávido e arisco como arre!bento tua voz sopra com delicadeza perspicaz destreza ao sabor da rosa de explosivo florir (compreende-se por fora esse esperdício de pétalas) mas sua circunstância giratória obriga a maior vertigem. Como começa onde acabeça folhos refolhos nugas e pertinências. O sono que nos consome e dorme farto ignorans castigando até mesmo as pombinhas que pedem licença para pousar nos estilhaços da dor e são homossexuais e doces. Fora do jogo. Dentro do logro. Essa avenida desconhecida. Para onde vamos, com tal vagar, com tal preguiça de nos matar, com tal paciência, com tal fluência, como gritássemos, e despertar? Tudo é pequeno, ou grande demais, hoje era ontem, tarde de mais. Ou muito cedo? ou muito perto? ou muito longe e fora das coordenadas principais. Companheiros, artilheiros, cavaleiros, con-vencidos, deixai que o pouco que nos orienta se estilhace nas paredes de um real mais nodoso e no entanto já caíram todos os afluentes da lua. O sol a sol. Raia como uma arraia de luz; artes de anjo, iridescências compassageiras por uma estrada sem partes, desta ou daquela parte, uma margem imaginária uma alimária fantástica um pouso-repouso uma cuca-recusa que a morte me deu com, reserva d, e eis, e nós outros, lancinados, latino-américos, neste hemisfério.

A jato a mancheias a cântaros. Tudo imperceptível
como nos fariam
completamente autômatos,
aqui e já. Completamente atônitos, como
uma pomba atônita. Sí.

o crime do moinho

Agonia aleluia
dar a lua
ao demônio
Pedra e espinho
Fio de faca
Na janela
a mula espia
Fia o medo
no moinho
Faca e ventre
frio e terra
Quem te viu
doce menina
dançar na ponta de uma carícia?
Ponte clara
rio escuro
vento vento
não se assuste
Já faz tempo
que te espero
tira o tempo
do moinho

acidente

O olho, vidro,
voou em cacos. O que resta
deste farol, a órbita vazia
é certa fome irônica
e algum câncer prolífico que a ataca.

Já mordes no vazio, minha doença,
debaixo do teu dente a polpa é escassa.

o céu estrelado

Errei. Agora
mando meu recado
por vias lácteas
para outras galáxias.
Devora o que foi,
devora, esquecimento
faminto.
Devora em mim
o erro e a mim
com ele se nenhum
solvente
absolve.
Posso nascer inteiro
de nova mãe, inteiro,
para afogar o escrito
de volta
no tinteiro.
Mata-borrão é a morte. Dá
algum repouso, duro
que seja. Distam
tanto tempo (anos-luz!)
as estrelas.

o rio dizia

O rio dizia
que não corria
mas era claro
seu abandono.

Água ele tinha,
era a seu gosto.
Valsa ele tinha,
pois tinha vôo.

Por ali fomos,
nos entornando:
águas extremas,
pequeno oceano.

Perco meu nexo
quando te encontro
ao longo da anca,
ao fio do ombro.

Riste? sorriste?
Por ali fomos,
nesses caminhos,
nesses retornos.

perfil

O ar, a área
onde pousar o corpo e suas falhas.

Quase dava transparências
ao trabalho da navalha.

Dizer: perfil ou chaga,
e a palavra era a mesma, estava achada.

Por isso recortar-se é já ter corte
e ter corte é cortar-se — escolha ou talho.

O fio da faca
e por onde ela andou: ferida afiada.

para acolher o inverno

Anteriormente a mim já foi feito o silêncio
como uma flor sem haste e sem enredo.
Assim a sua voz — esse fio instantâneo —
e ao longo dela, a fio, os cristais do gelo.

Se preciso de mim é para pôr-me a pique.
As coisas se detonam, mas não há segredo
e o branco que elas dão retine na retina
sem nenhum alarido e manso como o gelo.

Assim, de peso só, sem auxílio de gume
o sono atravessara, a prumo, os travesseiros
e as águas da vigília, achando leito ou rumo,
abriam, fio por fio, o que tinham de gelo.

sobras póstumas

Falando de minha vida
só tenho poucas palavras
e o trânsito das palavras
é o mesmo, de boca em oca
ou transitada por outras
palavras no avesso, loucas,
que não dão nome nem pouso
a este o-quê de que-coisas —
talvez: buquê de papoulas.
Só sei do inverno, cingindo
a ágil cintura das lousas.
Falando de minha morte
ouço o cobre de afinadas
clarinetas e fanfarras,
pouca sorte, muitas garras
ou palavras desgarradas.

Não há palavras em obra
nem sobras de caridade.
Só um vento frio nos descobre,
só, nas dobras das palavras.

do vinho para a água

Das nove e meia da noite
às quatro e meia da chuva,
hora nenhuma, que é esta.

O vinho tinto que resta
no copo, que é corpo e culpa,
é nuvem, uva ou dilúvio?
(Minha atenção já não presta.)

Exato como uma luva
o coração nos aperta.
Tempo passa, passatempo,
roça a asa na conversa.

(O tempo esquece de quem
esquece a preguiça e a pressa.)

francofônia

1. huit poètes, par effraction

Le premier creuse et s'abîme
pour payer sa triste dîme
à ses amis si divers.
Le deuxième tourne en rond
d'un oeil morne et vagabond.
Le troisième fait dix vers.
Un quatrième, méconnu,
redevient cinquième et nu.
Le sixième, assez pervers
pour rêver de ton nombril,
mange des huîtres au Brésil.
Pour le septième, à l'envers,
l'univers est un grand trou.
Le dernier se tait beaucoup.

2. tournedos p. vapeur

A la fleur de ma jeunesse
elle versa dans le vice
et dans le vice versa.

Je vous aime et je vous quitte,
quitte à ne plus m'émouvoir.

cumming's out

(a "stubble" poem)

She was afraid to come out and so
afraid to come out she said I'm not
coming out any more

So I looked at her uncoming out
once more
and there were stubbles in my
voice as I said

— Step out of that mirror

sharply

verberações

Venho compor mais rápidas violetas
para explodirem neste ar parado.
O lavrador, palavra, vai arando
a solidão que o olhar, inútil, vara.
Memória, sem querer, já arde e urde
os momentos da tarde arborizada.
Esses mundos sem fundo, esses armários
nos nutrem de veneno e goiabada
importada da infância, terra estranha
onde se fala uma língua cifrada,
território de crimes e de nervos,
de sóis atônitos e luas bravas.
Que família de insetos faz seu ninho
no coração do asfalto, na cidade,
e quem vai procurar outro carinho,
sorriso anônimo na tempestade?
Lá fora, do outro lado, o espelho ferve
na reflexão mais nua e mais vidrada,
desconhecendo tudo à superfície
tão cristalina da retina amarga.
Vestígios de luar nos olhos brancos
podem rolar sem susto eternidades
de ventos, de ilusão e de verdades.
A verdadeira noite é tão mais árdua
do que entreter domésticos fantasmas.

cantiga partindo-se

São toalhas, essas ondas,
mas não enxugam as falhas
que entre o vivido e o visível
vão abrindo suas calhas.

Mas não falemos da falta
nem do que ficou sem nome
por excesso ou por carência
de mão, de obra ou memória.

Deixemos de lado o muito
que se perdeu nos abismos
entre a frase e o seu recado
e se esvaiu nesses vãos.

Um pouco ficou retido
nas malhas da coerência.
Dele tiramos paciência,
levedo de nosso pão.

marginália

Não deixo de escrever, facilidade
e seus despenhadeiros — concha e alarme,

esse perigo estreito e assinalado
por onde passarei sem ter passado,
a fonte deste rio e o rio de ontem
que corre pelo avesso, disparado.

Quando a imortalidade se retira,
só resta o aço ao sol, exposto e oposto,
de nossa palpitante eternidade.

Ali, por olhos mil, se esvai a vida
sem respeitar meus diques nem meus atos.
Das janelas da insônia foge a alma
batendo as asas solta e fascinada,

mais próxima de si quando desarma
a noite de seus monstros mais simpáticos,
dando-lhes de beber a inexistência
como um leite fluente e imaculado.

O que nos fere e fura estas cortinas
de chuva, de paciência e de recato?

acre lírica

1.

    Quem pede o lado de dentro
    quer o espaço alucinado:
    um lado que esteja dentro,
    um dentro que seja alado.

Que mal estava aninhado,
secretamente assanhado,
na concha de qual palavra?

Entre que casca e que ovo
corre eternamente novo
o fio da fragilidade?

Corre o verso pelo inverso
e o delírio pelo lírio
na lírica do extravio.

Por onde passa essa falha?
Que má paixão se agasalha
nas labaredas do frio?

2.
Lúcida lira delira
dócil de lírico amor
e vibra fibra por fibra
nas garras do mago Amor,

não por você, preferida,
pretérita ou preterida
que a lira sabe de cor.

Eis que meu aço efetivo
sem meu cálice afetivo
e, sem vaso prévio, a flor
deixam a lira mais pura

e, em desespero de cura,
mais mágica e minuciosa,
mais trágica e menos ciosa
de girar ao teu redor.

O pássaro do poema
abre as asas, orvalhadas
ou molhadas de suor?

//
POEMA DESMONTÁVEL
(1965-1967)*

---

*) Publicado pela primeira vez em *O vôo circunflexo*, 1981.

(banho)
    No entanto o encanto desliza.
    Torneiras destravam o mar
    e tão apaixonados sabonetes
    vão dissipando o corpo, enganando a pele
    em que o dourado é sempre a cor mais
                              [vagarosa.

(indumento)
    Para umas danças exatas
    as mãos se recebem, mútuas.
    Um e outro diante, tramados,
    armados para poderem
    docemente freqüentar-se
    querem andar pelas roupas
    pretendendo visitá-las
    e como urdi-las por dentro
    para cedo aparecerem
    como pessoas vestidas
    não mais de medo: de leites
    e outras mansas matérias

    e sempre limpos por fora,
    desenhados a gilete.

(namoro)
    Vão destituindo as flores
    em mal-me-quer, bem-me-deixa,
    esses teus braços notáveis.

    O ar vai modulando o teu vagar,
    o teu silêncio, a unha
    em que um esmalte nada.

(armadilha)
    Eu vou indo devagar
    vou chegando sem deixar
    vou olhando sem olhar
    vou vou vou

Vou em rosas de quadrados
vou metal branco de sol
vou calmando teu moreno
vou vou
vôo

E tu lagarta, tu brasa,
tu malferida, marida,
sem rodeio, espelho-espanto,
quer, não quer.

Vou se entornando, chamando,
pedindo nada e exigindo,
tu se partindo sem quando
e eu
    ah!
      colho teu rir.

(doce lar)
    Tantas visões de futuro
    se armando no patamar
    mais esta dor ocupando
    seu lugar.

Já te procuro na face
no doloroso dos olhos
por onde o coração se escoa
no lar.

E andamos agradecidos
por essas calmas bolachas
e o mastigar, que faz vento
ou menos: barulha o ar.

(amor)
    Detesto ter morrido nos teus olhos
    como se me afogar fosse delícia.

E a dor, a pura dor
onde nadam intenções, onde se pede

uma outra lentidão de florescer. Em vão
querer saber laranjas nem a boca
encontrará seu lugar noutro aconchego.
Aqui
começa o estranhamente dado: o oco
desta pequena concha — andarmos
[próximos.

(memória)
Ó girassol.
Ó desventura, matéria desse trânsito
de memórias, dentro, dentro.

(vôo)
O que me prende à terra são laços de destreza,
atados por fortes ventos.

(gaivota)
Ah tempestades, ventos e outros gritos,
salvemos da virtude essas donzelas.
E vamos aprender outros carinhos
com que assaltar, à noite, essas falésias

tão fascinadas: entre cada vôo
e sua gaivota vai o mar e o mar.

(cubismo)
Cai um olho de tua lágrima
e o lenço navega nela.

O ventre cheio de música,
os olhos chorando a cântaros.

As mansas jabuticabas
estalam curto nos dentes.

O ventre cheio de música
os olhos chorando a cântaros.

O beijo, que foi janela,
agora não desamarra.
O ventre cheio de música,
os olhos chorando a cântaros.
Cada palavra que voa
estoura no ar e acaba.

— Por isso a brisa dispersa
as folhas de teu sorriso.

(justiça)
Mãos se encontrando, cantando,
esperando servir-se de justiça.
Impaciência de gerar
outra carne, outra polícia
diferente destas armas
sempre justas para o crime.

E o bronze vagaroso das espadas
cumpre seu duplo vagar
onde se derrama tanta santidade
e onde o óleo do amor não vem passar.

(?)
Que fazer quando desce o aço e o céu blindado (neblina) e o esquecimento desde já.

(íntimo)
É perto da distância, nesse aberto
do espaço declarado
que vêm procurar pouso as folhas íntimas
e algum recolhimento, em descampados.

(por onde)
Corre meus dedos
sem ter por onde
uma cantiga
dor ou perfume

146

que é quase um lago
vista de frente;
vista de lado
é faca e gume.
E quando corre
dedos adentro
desencadeada
com nenhuma
morre de vento
devora as flores
de meu amante
braço direito.
Não há viver
outra por ela
nem sua amarga
legislatura.
Corre meus dedos
sem outro furo
por seu escape
menos que os olhos
e sua fúria.

(celebrar)
Nem sei com que silêncios celebrar
o operário, construtor
de sua própria jaula

em mármore e longos tanques
de virtude, deglutindo hóstias, mansidão,
espantos, o operário. Eis

a dupla chama de seu rosto:
espécie de boca (vazia de grito).
E como situar as mãos, nesse quadrante?

(motim)
Crescer em não, crescer em chão
de terra. Quem fala
cala uma luta que é travada dentro
e que é gravada invertida

em uma aparição: o vôo
para o presente.

(varanda)
    Limpa teus olhos desse pranto. É tempo
de abrir caminho para esse outro tempo
que quer transpor, transitar.
Já podes trançar beijos, ler notícias
de amor: na asa da varanda,
no girassol, na gota
presa em si mesma, mas tensa,

armada para cair.

NEM TANTO AO MAR
(1965)*

---

*) Publicado pela primeira vez em *O vôo circunflexo*, 1981.

(largo-allegro-largo)

Marta e eu, todos nós, fomos sempre marinheiros da desventura e hoje ainda tento chover rosas sobre seu retrato.

As plantas movidas
por brisas exatas
já parecem maduras para a morte.

Pousar sobre esta chuva
esta paciência
e o segredo das tardes: persistir.

Paisagens são subitamente
isto: partires desconhecida,
teres asas em mim.

Dancei Marta em meus sorrisos, tantas vezes, e hoje, tantos cigarros percorridos, a brisa corre ainda pelos lábios desejados.

E vejo a noite em chamas,
a noite usada, aguda,
a noite causada
pelo sono, madura.

Ela, com seu preço
de silêncio.

A noite pensada
como o vazio da taça,
o seu espaço.

E se tivésseis lentos os cabelos
e vossas mãos fossem desterro
como são às vezes os lençóis
e se a manhã de vossa boca, inaugurada,
contivesse tanta lei ao me trazerdes
o lento semicírculo da face
compreenderíeis justo o meu afeto

que é quanto apenas pode ser: estouro
de todos os diques do pranto.

O demais:
tanta dor percorrendo
o vento que há nos relógios,

invenção de madrugadas,
borboletas explodindo,

tanta ternura vertida
nos telefones,

mais: a violência dos lenços
divertindo as despedidas

e não encontrarmos lã
nos braços das namoradas

alimentando este nada
que é pouco a pouco nossa âncora

e esse vendaval de amigos

que em nossa língua postiça
se chama: cordialidade.

Por isso, Marta, deixamos. Sonho teu lazer, música de tua blusa, infantilidade de querer tuas mãos sempre prontas para o meu rosto.

Que coisa doce
que não seria
a transparência
de nosso estar.
Seria lindo
e quase louco
dançar meu medo
com tua parte
mais criminosa,

os dois estando
pouco e muitíssimo
vidas a dentro
em poder ser. Flores nascendo
de tanta música,
flores pedindo
para nascer. E colher cantos
e ser delírios,
estourar a música
de tanto ouvir.
Que poderemos
ao nos morrermos
em gratidão
ser dois e um.

Marta está pensando.

Silêncio.

Um longo pranto desce.

Seus olhos são desatinos.
Marta pensa
em esperar, fazer espaço,

e em formidáveis carícias
para encantar nossa dor.

A noite já deixa loucos os rochedos. E eu, que só sei sentar-me diante de teu vulto espantoso para tecer carícias indiscretas e aborrecer os pássaros com flores que seu próprio perfume devora, eu sem saber entender a qualidade de nosso grito, eu viajando por livros em que a razão se esgota ou visitando estes hotéis dolorosamente atapetados de vermelho, como posso entender, sem você, o rio da noite?

Deus me perdoe de ter procurado
amor além do amor.
Deus me faça cioso dos cuidados
ao redor de teu ventre, de teu busto,
que não conhecem outras maravilhas.

Gravarei na superfície
o nome de Marta, a branca,
a de morrer, a delícia
de minha vida inventada.

Marta e eu, marinheiros,
e amar nosso navio de desespero,
sendo que fora, o mar.

Dentro, se quiseres,
nossa fluência e tão exatas flores
que ao mesmo tempo sabem
as ternuras
e o lado delas, a que o olhar não leva.

E se ainda te guardo meu rosto, modificado por tanta
fotografia,

    pense em nossa aventura
    conversada

e deixe esta noite livre para o canto.

INVESTIGAÇÃO DO OLHAR
(1963)

DEDICATÓRIA
Este livro é para os meus amigos.

A poesia, esforço de linguagem, será primeiramente "lógica". Não há perdão possível. A poesia deve ser escavação e tortura. Não há flores no rosto, mas roteiros nas mãos. Eis o caminho.

(anotação antiga)

PRIMEIRA FACE
A DEUSA ATENTA

invenção da amada

Gosto de ti, amor, especialmente
de teus cabelos feitos para o tédio,

de tua boca, cálice inimigo
em que depositar minha aflição,

e de teu corpo em que caminharei cansado
até encontrar as raízes do teu canto
feito de estrelas dançarinas.

poeminha sexy

Tu, superveniente,
tu, infracelular,
tu, conferência, confluxo, foz.

Concentras e constituis-te,
fogo,
em meu desespero além de ti.

Tu, moleza, ardência, fornada,
tu, corrente,
tu, concepção.

Confluo e me arrebento,
cavalo,
na angústia através de ti.

ligação

Peço a obscura religião dos pássaros
ou o inexplicável talento para a tristeza
destas praças.

E choraremos juntos na tarde culpada
enquanto o sol morrer em nossas pálpebras
e a noite, inimiga e doce,
vier comer nossa memória.

canção simples

Pressinto um retorno,
um amadurecimento súbito,
uma como maçã mordida
na polpa dos dentes.

A intimidade dos seixos
e das florestas prematuras
cava nos olhos o esquecimento
e nas sobrancelhas a dor.

maria

Mas Maria anoitecia.
Sem saber onde morrer, onde estilhaçar
a teia de seus cabelos,
Maria desprendeu os braços, a roupa, voou.
Desligou seu corpo, empreendeu a fuga:
entregou-se ao vento.

Quem, como Maria, amou?
Todos os seus sonhos, revertidos,
a sonhavam. Era sua
realidade aos poucos adensada
pelo mistério, a uva, o néctar.
Perdoai-a. Maria, docemente,
anoitecia.

A brancura de seus olhos divididos
era composta de paz e de maldade.
Não se sabe até hoje quantos foram
seus namorados, sua breve efígie
pouco a pouco se fixando nas amoras.

Olhos vazios,
resplandecência nos ombros, lágrimas
caindo na terra. Maria
anoitecendo.

convalescença

Receberei o dia,
resultado de teus gestos meditados
desatando o vôo dos pássaros
e preparando a manhã para alimento
de meus olhos devastados.

Tua mão, branca, sem nenhum desejo,
distribuiria meu corpo
às algas e aos enigmas
e tua conversa orvalhada
faria renascerem meus sentidos.

canção mortal

És hoje nuvem,
cal, complacência,
vertigem.
Em teu penteado
fiam aranhas
mortas e vivas.
Tua nudez
metálica traz
encanto e terra.
Teu sangue lava
minha devoção
escandalizada.
Pata tati
tata tari
tatatatá.
São estandartes
de desconsolo
tramando os males
da tarde.
São velas para
morte do amor
e borboletas
de aço.
Lidas comigo
enquanto trazes
coesos os dedos.
Sem pensamento
mas com malícia
e desespero
tu me corrompes.
Eu que analiso
penosamente
a flor e o vinho.
Tento aliviar
tua amizade
devoradora.

Cortar os braços
para o silêncio
que construímos.
Pata tati
tata tari
tatatatá.
Em tua lenta
concupiscência
tento nadar.
Não sobrevivo.
Cantas remédios
e uma desflor.
Andas, ondulas
sobre meu sono:
tua navegação
é vento e origem,
esgota a dor.

canto de recepção

No dia do retorno
estarei mansamente aqui
e meus olhos se abrirão como pétalas
para teu perfil desconhecido.
Lerei estranhas páginas de esquecimento
e, passante, deflagrarei
as palavras com que saudar-te.
Saberei rir: algo
me ensinarão as flores despertadas
e o barulho crescente das águas.
Direi teu nome em letras de mercúrio,
agasalhado em mil predições,
e estourarei como uma fruta.
Darei teu nome aos vôos do vento,
às embarcações que preparam êxtases, aos
inexplicáveis marechais do horror.

epitalâmio

Que os noivos se preparam para a estranha
coabitação na superfície da matéria
e traçam planos entrelaçados,
compõem arames, flores de plátano, encontros
nos menores compartimentos da hora,
escandalizando os jardins geométricos
e tramando na polpa dos frutos
mais mansos a incrível festa.

SEGUNDA FACE
TRÊS CANÇÕES PREPARATÓRIAS

distribuição de Nilza

Para você, Rubens, reservo
o meu aurículo esquerdo
com o que há nele de vôo,
praia esperada, navio
e fuga para outras eras.
Por minhas amigas todas
dividirei o direito,
dando-lhes os meus segredos
e os cantos do meu degredo
e a água fértil do meu sono.
No meu ventrículo esquerdo
acolherei o Fulano,
que fará nele morada
e encontrará sombra e dança
no meu corpo dilatado.
Sicrano e Beltrano ainda
partilham o meu amor.
Dou-lhes flores renovadas
e encontros durante a chuva
e a música matinal
dos meus passos na calçada.
Para todos que me envolvem
com seu afeto guloso
tributarei uma parte
do meu coração enorme.
Para as crianças na grama,
as aves que olham sem canto,
os homens ásperos rindo
com vontade de ser puros,
para as árvores e o pranto
serei sol, chuva e bondade.

Assim se reparte Nilza
e seu vasto coração
e ainda guarda pedaços
para as tardes que virão.

preparação para a fuga

Partirei para o meu vale
levando comigo apenas
Camila e a recordação
destes dias mastigados
em sal, miséria, erosão.
Irei habitar meu vale
com meu coração intacto
e minha presença fácil
no afeto de suas águas.
Pois em meu vale se traçam
os raios do mais fino sol
fazendo ricos os olhos
de conterem o seu brilho.
E a chuva, lá, corre grata
pelos corpos que a recebem
em amizade e ternura.
É firme e manso o meu vale,
dócil aos gestos confiantes,
esperança de um sol posto
sobre a mágoa cotidiana.
Vale em que a minha brancura
encontrará companhia
no vôo fácil das aves
e na música da brisa.
Meu vale que se elabora
subitamente da escura
farinha de minha espera.

Meu vale aberto em sossego,
repouso azul de meus ossos,
depósito de meu corpo
cansado e entregado ao musgo.

consideração da infância

Habitas a dor da hora,
menino deste planeta,
em que se aninham os ratos
nas raízes da ciência
e o espaço, aberto, salta,
devora teu pensamento.
O teu silêncio nas pedras
é sem rancor nem memória,
menino dentro da hora.
Teu pai te falou em danças
e em orgias atômicas
e tu escavaste a cabeça
para entender o momento
de espera dilacerada.
Fugiste nas madrugadas
no dorso de ásperos ventos
sonhando os risos mais puros
e entregando movimentos
aos dentes do amargo tempo.
Teu rosto tem traços de ácido
e a morte vem, amarela,
com seus cabelos aquáticos,
acariciar docemente
teu sono inquieto e redondo.
Escapas do seu abraço
para caíres, sem peso,
no poço de cada dia.
Nada revelas. Os frutos
armam ciladas de encanto

e matemáticas flores
desvendam seu claro engano.

TERCEIRA FACE
PRESSENTIMENTO

visitação

A fera dilata seu fôlego sobre a cidade,
agindo com astúcia e fome.

Nada a detém em seus passos rigorosos
com que ela subordina amor à sede
e cria mecanismos desvairados
para entender a morte.

Todos a desconhecem, mas seu desejo
é sentido na pele dos ombros
e na compressão invencível das cabeças.

A fera visita a cidade, com sua fome.

paisagem

Desejando a fúria do sol
e escavando a ruína das areias
animais ambivalentes pesquisam a consciência
e se atiram em longos vôos dolorosos
tentando gritar.

dissolução

A noite desce sobre os rios,
que são leite fluindo,
gestos imaginários de entrega.

A noite desce sobre os corpos,
receptáculos doces da angústia,
e a guerra correndo nas veias.

A noite desce sobre a culpa,
os gritos de revolta, os peixes.

canção da possibilidade

Se as visões do promontório
fossem exatas para o medo

Se os roteiros do crepúsculo
indicassem novas danças

Se a madrugada viesse:
com seus íntimos desejos.

Se as flores construíssem dias novos
com seu grito vertical.

consolação

Para os faróis afogados
e para os limites da febre

para as árvores, abertas
em longos gritos

para o encontro das mãos
transformadas em vertigem

para o escuro, as amoras,
e para os rios caindo

a minha paz, o meu riso
comprometido.

reverso

Sim, meu corpo
pronto para as festas da dor,
dado ao sol, marcado
pelas afeições prematuras,

minha confiança
clara, sem desconhecimento,
aberta para o mar, a paz, a chuva,

o ritmo dos meus dedos
preparando encantamentos, aves
nascendo da música, tantos dias
recuperados.

Sim, a paciência
do amor cuidadoso, sem limites,
a composição da aurora
com limpo sofrimento.

saudação do mundo novo

Já vem o dia dos outros,
dos que não serão pó.
Dos que desvendam a aurora
na respiração do horror.
Dos que têm claros dentes
ou que transportam a morte
no dorso resplandecente.
Está chegando notícia
no bojo de suas bocas
de um novo dia rompendo
com facas, pólvora e júbilo.
De um novo pranto correndo,
levando laranjas, ódio
e sobremesas esféricas.

pranto para Virgínia

Virgínia, vidro partido,
estilhaços no rosto, sangue
derivando floralmente.
Virgínia — amor no rosto,
morte vivendo nos olhos.
Uma lentidão saboreada
nos seus gestos, fumar, sofrer.
Virgínia espantosa e triste.
O seu sorriso mortal
carregando a flor do grito.
Sua solidão. A fumaça
caminhando com sossego.
Seu jeito, assim, de morrer.

Choque, aço, defloramento, li-
bertação de sua morte íntima
que saltando a devora
com algum perverso prazer.

Receba nossa aflição:
são flores para Virgínia.

festival

Os dançarinos organizados, com punhais,
cortam-se em festas de sangue
abrindo flores cruéis.

Há risos nos dentes, orgulhosos
para o banquete das vítimas
estranguladas com carinho.

O pesado amor dos corvos
inaugura as bandeiras em delírio.

Lentas tias atentas lavam os mortos
povoando-os de talcos e intenções
para que sejam gentis na festa sanguinária.

Multiplicam-se os doces pelas bocas
assanhadas ou perplexas
e abre-se a distribuição dos frutos
entre silêncio e ameixas.

criação

No princípio foi a paz, tranqüilidade insana
que trazia os cântaros repletos
de orvalho. O primeiro dia
ofereceu os ventos, maresia
e outros derivados da distância.
Depois o estranho pássaro da fome
pôde voar entre as cabeças esvaziadas
e no seu grito renasceu a esperança,
fazendo enlouquecer todo desejo.
Agora estamos sós em nossos corpos
separados por lâminas de espanto
e desejamos ter a dor
de encontros novos
para estabelecer nosso remoto sono.

QUARTA FACE
FESTIVAL

canções de intervalo

1.
Na hora seguinte, o silêncio correu como um fluxo
entre teus braços e meus braços, e a carícia
partiu-se como um cristal.

Na hora seguinte, amor foi chuva na boca,
lenços aproximados para a tosse,
movimentos excessivamente curtos para atingir o mar.

Na hora seguinte, o ar foi morte e abandono
e a febre batia asas nos pulsos das crianças.

2.
E veio um navio de cânticos
e de mãos desguarnecidas
pedindo mel e perdão.

E veio um choro violento
assaltar nossos sentidos
voltados para o vazio.

E a noite foi negra e branca
inventando para nós
as flores da compreensão.

canto silencioso

A ocasião chegou de estarmos sós
em uma cega calma.
Lentos fios desviram-se entre flores
que são lágrimas caindo do terraço
e amadurecendo
com paciência e luz. Quantas vezes
foram mãos servindo o café, lenta maldade
deslizando entre o tempo e a xícara.
São olhares tranqüilos, revestidos
de uma gentil malícia, de um redondo
desejo de ficar, de estar sempre ao alcance, de
ser uma rede ou um espelho
recolhendo teu rosto.
Todos esperam. Forma-se o séquito das nucas,
esperança minaz, gelo absurdo
para conservar as fases do bailado.
Uma alegria violenta
alimenta-se dos punhos, das entregas,
e são múltiplos caminhos que se enlaçam
com dor.

jantar com velas

A palidez destas velas
iluminando os convivas
que se entregam com descanso
aos aconchegos fatais
formados nas almofadas
e ao desespero monótono
que os acolhe pouco a pouco,
tendo seus braços deixados
em carícias e abandonos,
nas mãos os copos fixados

com ironia, nos lábios
uma certeza, um conforto
que quer substituir a calma,
iluminando as paredes
que determinam seu tempo
e os interrompem no espaço
suportando com bravura
seus olhares-paradoxos
e sua falsa maldade,
a palidez destas velas
discernindo seus volumes
e o contraste das mesas
vermelhas, em que se fundam
manjares de gosto oblíquo
para a fome das mulheres,
que se revestem de afagos,
de cortesia e passeios
na profundidade da sala,
sala de quatro jantares,
a palidez destas velas,
cera comida com calma,
iluminando os destinos
enlaçados no sofá
para melhor conhecer-se
e para saber falar
da inquietação das buscas
evidentes e vedadas
no interior de tanta sede,
de tantos veludos, de
tantas conversas mudadas,
divididas entre os pares
desconhecendo-se aos poucos,
olhos cheios de paisagem
reinventada e perdida,
iluminando as cabeças
transpassadas pelo instante
de bebida ou de consolo
guardado com avidez
nos ruídos dos talheres
e nas lentas relações

entre madeira e epiderme,
podendo o licor passar
da gestação para o copo,
a palidez destas velas
nos quatro lados da sala
iluminando com ritmo
as danças petrificadas.

cantigas do gato, da corda e da candeia

1.
Foram sete as empresas em que ativo
me aventurei para encontrar a claridade
e foram sete as vezes que meu corpo
redescoberto foi varado pelo frio.

Todos os enigmas da escada
abriram calmos véus para mostrar-me
sua confiança intrigando mais que a farsa.

Seus olhos sem substância
deixavam esvair-se um lento espaço
deslumbrando as aranhas
e os habitantes mágicos do acaso.

(— E pude ver o lago com seu branco
tecido de memórias e de medo
elaborando figos
e confundindo os segredos da viagem. —)

2.
Deixei essas paragens
para ter em meu rosto
outros sinais
e quis rever plantas desconhecidas
sem saber quanto olhar.

3.
Fui, par a par, escravo e passageiro
de uma perversa dama sem perfil
que conhecia o mecanismo dos bailados
e a lentidão dos trevos.

Sabia uma poção maravilhosa
que me fez descobrir sua lição
distribuída pelas rendas assassinas
e pelas tramas do lençol.

Saí, exausto, de seu trato claro,
podendo a água vir-me fazer bem.

4.
O meu trabalho deu
vigor às folhas verdes
e fez nascer delírios
no ventre das maçãs.
Se com amor lavrei,
os frutos recebi:
densos em lentas cascas.

Louvei o vento e a lã,
meu prazer e morada.

5.
Agora estou aqui, fogo no branco,
silenciosa rede de afeição
para o teu abandono.
Agora sei o nome dos insetos
e posso revelar-te o amor mais íntimo
das abelhas quando escolhem o seu mel.
Conheço os sete lados da parede
e as alternâncias de conforto ou deserção.

6.
E hoje narro estórias desvividas
para dar dimensão ao vosso sono.

AVULSOS E INÉDITOS

pranto de despedida

Daqui onde me vês pequeno,
eu que caminho por terra
por entre as cruzes da insônia
sonho teu escuro vôo
e a pedraria das asas
cujo longo lento ritmo
ascendente, incandescente
vai devorando o finito, apartando
teu ouvido
da voz monótona
razoável mansa metálica
de meu pobre alto-falante,
enquanto silenciosas,
mas que se sentem na pele,
do fundo destas pirâmides
quarenta fomes nos vigiam.
Eu que caminho por terra
destrançando ervas e ninhos
para que rosas detonem
mal posso voltar meu espanto
para as asas que te habitam
cujo longo lento ritmo
ascendente, incandescente
vai devorando o finito.
E cada ruflo te aparta
do meu perto, do meu porto:
como alcançar teu ouvido?
Daqui da praia terrestre
onde me vês tão pequeno
sonho o vôo em que navegas
pelo cintilante escuro
e abotoo meu casaco
de inesgotável flanela.
Mas de mui dentro, do fundo
destas pirâmides
quarenta fomes ágeis nos vigiam.
E componho minhas cruzes

(pesadelos, exorcismos)
e te dirijo este pranto
razoável, manso, monótono,
armado com os elementos
de que disponho: gravetos,
algodões, água de copo
colhida ao pôr da manhã,
desespero e linimento;
e te dirijo este pranto
razoável manso monótono
mais por mim, que fico à margem
sem o sabor da viagem
nem o conforto do porto,
que por ti, que a envergadura
das asas sustentaria
no mais forte e amado vento.
Principalmente dirijo
este monótono pranto
à distância entre nós posta,
ao não poderes ouvi-lo
e às quarenta pirâmides
cuja fome silenciosa
docemente nos vigia.

(*Filosofemas: antologia 2*, Massao Ohno, 1987; escrito em 1964)

hemi-soneto glauco

Enquanto, bafejado pelas musas,
murmura suas palavras encantadas,
agudamente lúcidas e obtusas
no espocar de seus pequenos nadas,

o louco não é nada nem ninguém.
O que nele se fala vai além
e deixa até as estrelas namoradas.

(revista *Geraldão* n° 2, agosto de 1987)

elogio

numa revoada de aspas
bailem
    bulindo
ex-citações

(*Antologia poética*, Autogestão, 1984)

oficina feroz

Agido por teu ferro, fantasia,
e revirado ao vivo, se te agrada,
verei algum soneto, ao fim do dia,
acrescentar-se à coleção minguada.

Assim, de madrugada em madrugada,
botões para florir a antologia
irão desabrochando, a um tostão cada.
Chorava o coração? A rima ria.

E por amor da rima continua
batendo a tecla da melancolia
algum suspiro, algum clarão de lua.

— Vale um soneto! exclama, estrampsicado,
o poeta, à frente da lâmina nua,
feroz, talvez. Mas ele é mais afiado.

(revista *Leia livros*, outubro de 1982.)

três tolices de filósofo

Eu, transcendental, cismava ao pé do poêle: Ai, quem me dera ser amado pelo que eu sou, não pelo meu dinheiro nem pela minha beleza nem pelo meu charme nem pela minha inteligência nem pela minha simpatia ou as covinhas do meu rosto ou esse meu ar tênue de desamparo, ou qualquer outra coisa que eu possa fingir ou que possam imaginar...

***

Você sabia que nas montanhas suíças existe uma flor vermelha, escandalosamente vermelha, que, toda vez que alguém olha para ela, ou a filmam ou fotografam, se torna branca, imaculadamente branca? Daí seu nome, Edelweiss, que em alemão significa: "falso branco". (Da série "Fenômenos da natureza".)

***

E aquela prova antológica: — Era a mulher ideal, linda e espontânea, esportiva e inteligente, independente e meiga, compreensiva e ciumenta, e ainda, por cúmulo, completamente apaixonada por mim. Só que não existia. Mas também, quem é perfeito?

(revista *Almanaque* n° 6, 1978)

ponteiros

Por onde gira o ponteiro
assinalando o vazio;
o nada cobrindo o nada
e nisso o inteiro perfil
do que resta: — meia-lua

de lâmina ensolarada,
que em si só se continua.

(1982)

fuga em dor menor

O tempo passa, no tempo se estilhaça
a água no rosto do meu bem,
a água lava, suas folhas brandas
abrandam o meu rosto, ou é o meu bem
que me abranda. O gosto
da água é frio, no tempo e no seu rosto,
e o tempo, gota a gota,
encharca o nosso quarto, onde está posto
como uma rede, o amor, meu anjo brando,
consolando, como se fosse a água,
o tempo que passou com mais cuidado
entre a flor dos teus olhos e as palavras
que aqui lhes endereço, esperançoso.

(1967)

miniatura

Nada parece mais puro
que a certeza de teu manto
e de teu rápido lenço
movido pela brisa.

Pudesse ser em ti alheio
e mover meus dedos como insetos
sobre teu rosto.

(1965)

primeiro poema de amor

Teus olhos nadam no riso.
Busco
ter em meu coração aves, amores,
litros de música em minha sala
em que te recolho exausta.
O meu abraço é para te fazer mais clara,
o meu medo é para te amar ainda,
a força dos teus cabelos jorrando sobre meu canto,
juro que não saberia dizê-lo.

(1965)

funcionamento das águas

1.

Agora
que a noite é intratável
e ouço rolar na areia a máquina do mar
deixe-me arrebentar minha garganta
no canto maior que eu
fechando os olhos e abrindo o rosto
ao vento e ao sal.
Agora
deixe-me estar aqui lento e precioso
dando meus gestos ao vento
e assaltando o segredo das amizades
em momentos transidos de amor.

2.

E corre
ainda esta cera, branca,
derivada do cio das abelhas
e de sua constante ansiedade.

3.

Agora
deixe que o mar fragmentando-se na praia
cubra a presença e a vergonha dos rostos
agora
que cada onda lançada é uma pedra
e cada cavalo um susto

peça o silêncio e o conforto de braços
humanos e moles
ao redor de nossas cabeças.

4.

Mas o sol abrirá mais cedo
para espantar esse vento
que se agita no interior
de nossa fala.

Para nos dar esse dia
de movimentos limpos e de ser
verdadeira cada palavra
percorrida pela boca.

Dia de tudo o que nos falta: transparências
e libertar as mãos, naturalmente.

5.

E nessa trama o mar irromperá
violento de conchas e cascalho
sem compreender a liberdade dos afetos
em seu invisível tecido
ou quantos passos depositar na areia
pelos mortos sem confissão.

6.

O choro macio no quarto escuro
dissolve os últimos espaços
para que os olhos
compreendam o claro funcionamento das águas
e o sangue móvel das ações.

(1961/1965)

como navegamos

Como navegamos longamente a exatidão desta catedral,
as súplicas viajam,
os anjos se despovoam,
a preguiça invade os gestos do piano
em lençóis modulados.
Esperamos ainda. Márcia grita.
Esperamos demais. Dedos,
gargantas, revoluções tramadas
no interior das ostras. Falando
sobre o tempo, as aves neutras,
os delírios de adeus, as rendas,
as súbitas rendas escapadas do encanto,
as vontades de chorar. Temos medo.
Márcia canta. Temos tempo.
E é preciso gravar nas laranjas
o quanto sabemos da morte.
Venha, Márcia. Quanto
nadar no tempo?
Venha, Márcia. Márcia espera
com nítidas perguntas. São as hóstias
da catedral. São os martírios.
Os olhos se desenham sobre a impossibilidade.
Eis a haste
do grito. Eis o óleo.
Como navegamos longamente a lentidão desta catedral,
as horas pastam nos cabelos.
(1963/1964)

três posições da morte

(para hans)

1. *por fora: a morte coisa*

A dor vertical: inversão
do corpo; o homem no avesso — morto.

Não há medida possível
para esse corpo
            — visível —
esvaziado da dor.

2. *por dentro: a morte pássaro*

A sua forma é nítida; entretanto
em que limites contê-la? Esplendor
e garra, portadora
            de calma e nunca
na grande abertura das asas.
O seu tamanho é vazio; alto
                seu vôo
e que aberta ausência, sua matéria.

3. *por fora e por dentro: a flor da morte*

Invisível seiva: nutre
esta espantosa flor, mínima
ou gigante, por onde viajam
todas as vidas passadas
sabiamente feitas pássaro
              e desconhecimento.

Flor
ou labirinto
de mistério sem saída
por onde girar sem fim?

(1963; comentário de 3 gravuras de Hans Haudenschild)

migração

Me revejo, transfigurado,
redescoberto pelos que me inventam
para o seu convívio.
Com que clareza suas intenções me tocam,
nasce meu nome de suas bocas
como uma flor.
Vou viver neles com transparência,
renasço inteiro de sua fala
para habitar a memória.
Neles eu falo, movo a cabeça,
telefono. Tudo sem mim,
tudo fora, com grande paz
e condescendência.

(1962)

no jardim

Um anjo bom está em meu jardim
rindo e fazendo caretas.
Sonho com ele noite e dia e assim
minhas manhãs são menos pretas.

Observa esse gracioso querubim
minhas ativas piruetas
e ri batendo palmas para mim
dando sinal para, do céu, romperem as trombetas.

(1962)

o dia é mais?

Hoje não vou pensar.
O dia é mais forte que a noite.
Sonho as mais mansas abóboras.
Aqui é sempre este agora.
Não. Não vou pensar.
Mal-me-quer, bem-me-quer,
mal-me-quer etc.
Vou só deixar.
Dimensão. Dimensão.
Vou só queimar.
A noite é mais forte que o dia.
Não é?
Comer as mais úteis luas.
O dia... como se diz?

(1961)

poema fluvial

Rios, correi em torno de mim vossas águas férteis,
entrai-me pelos olhos e pela boca,
fazei do meu riso um alimento de vosso repouso,
tomai minha cabeça entre vossos braços aéreos
e deixai-me morder e chorar
enquanto me abraço a vós. Deixai-me construir
o meu soluço em vosso peito,
a minha solidão em vossa rota
e precisos e dirigidos, rios fundamentais,
concentrai vossa potência em estradas e auroras
últimas, em escadas
atiradas para além do coração. Tomai-me,
rios, e acumulai vossa amizade no meu sono
e sede dolorosos e justos,

enquanto vossa líquida certeza me percorre
e eu me sinto frio e ativo em vosso cântico poderoso.

(1960)

história do poeta apaixonado

Era uma vez um poeta
muito fraco e muito triste
mas difícil de atingir

Vai um dia sem querer
— um poeta é quase um homem —
sentiu uma coisa nova

Que coisa nova tão nova!
É isso que chamam de amor?
Que coisa nova uma ova?

Bravo poeta! ingênuo poeta!

Todo-mundo já sentiu
Todo-mundo já cantou
E ainda assim ela está nova

Foi então que sem pensar
com a sensação tão fluida
o semipoeta se fez poeta

Caminhou esparsos passos
Empreendeu compactos pactos
Anotou diversos versos

Bravo poeta! calmo poeta!

Sentiu-a música e imagem
Sentiu-a fluida e sonora
Sentiu quase uma coragem

A minha amada tem olhos
A minha amada tem braços
A minha amada é um amor!

A amada é foco de vida
A amada é vida é folhagem
A amada é sono e calor

Pobre poeta! triste poeta!

A amada disse: — Poeta,
vá embora. Eu te quero muito
mas eu não te posso amar.

A amada não quer o poeta
a amada despede o poeta
Manda o poeta passear

Triste poeta! infeliz poeta!

Mas um dia lendo um verso
que o poeta havia escrito
comovente sem querer

a amada lendo seu verso
teve uma ternura súbita
por sua frase tão frágil

Veja poeta, como é belo
Amam tua arte, teu verso
Que te importa amar você?

Grande poeta! artista poeta!
A tua amada te lê.

(1959)

TRADUÇÕES

Hölderlin
Der Archipelagus

Kehren die Kraniche wieder zu dir, und suchen zu deinen
Ufern wieder die Schiffe den Lauf? umatmen erwünschte
Lüfte dir die beruhigte Flut, und sonnet der Delphin,
Aus der Tiefe gelockt, am neuen Lichte den Rücken?
Blüht Ionien? ist's die Zeit? denn immer im Frühling,
Wenn den Lebenden sich das Herz erneut und die erste
Liebe den Menschen erwacht und goldner Zeiten Erinnerung,
Komm ich zu dir und grüß in deiner Stille dich, Alter!

Immer, Gewaltiger! lebst du noch und ruhest im Schatten
Deiner Berge, wie sonst; mit Jünglingsarmen umfängst du
Noch dein liebliches Land, und deiner Töchter, o Vater!
Deiner Inseln ist noch, der blühenden, keine verloren.
Kreta steht und Salamis grünt, umdämmert von Lorbeern,
Rings von Strahlen umblüht, erhebt zur Stunde des Aufgangs
Delos ihr begeistertes Haupt, und Tenos und Chios
Haben der purpurnen Früchte genug, von trunkenen Hügeln
Quillt der Cypriertrank, und von Kalauria fallen
Silberne Bäche, wie einst, in die alten Wasser des Vaters.

Alle leben sie noch, die Heroenmütter, die Inseln,
Blühend von Jahr zu Jahr, und wenn zu Zeiten, vom Abgrund
Losgelassen, die Flamme der Nacht, das untre Gewitter,
Eine der holden ergriff, und die Sterbende dir in den Schoß sank,
Göttlicher! du, du dauertest aus, denn über den dunkeln
Tiefen ist manches schon dir auf- und untergegangen.

(Hölderlin)
o arquipélago
(estrofes iniciais)

Tornam os grous de volta a ti, e buscam curso
Para tuas margens, de volta, os navios? respiram desejados
Ares em torno da maré pacificada, e ensolara o golfinho,
Atraído da profundeza, à nova luz, seu dorso?
Floresce a Jônia? é tempo? pois sempre que é primavera,
Quando aos viventes o coração renova-se e o primeiro
Amor desperta aos humanos e de tempos áureos a lembrança,
Venho a ti e te saúdo em tua quietude, Ancião!

Sempre, Poderoso, vives ainda e repousas à sombra
De tuas montanhas, como vivias; com braços de moço abraças
Ainda tua terra amável, e a de tuas filhas, Pai!
De tuas ilhas, ainda, as floridas — nenhuma está perdida.
Creta está aí, e verdeja Salamina, crepusculada de louros,
Circunflorida de raios; à hora do nascente eleva
Delos sua cabeça inspirada, e Tenos e Quios
Têm de frutos purpúreos quanto basta; de colinas bêbadas
Jorra a bebida de Chipre, e de Caláuria tombam
Ribeirões de prata, como outrora, nas velhas águas do Pai.

Vivem ainda todas elas, as mães de heróis, as ilhas,
Florindo de ano para ano, e se por vezes, do abismo
Desvencilhada, a flama da noite, a tempestade dos ínferos
Empolgou uma das belas, e essa moribunda se afundou em útero —
Oh Divino! tu ataraste — pois à flor das escuras
Profundezas, muita coisa já te nasceu e sucumbiu.

(*Folha de S. Paulo*, 12/7/1992)

Rimbaud
Les chercheuses de poux

Quand le front de l'enfant, plein de rouges tourmentes,
Implore l'essaim blanc des rêves indistincts,
Il vient près de son lit deux grandes soeurs charmantes
Avec leurs frêles doigts aux ongles argentins.

Elles assoient l'enfant auprès d'une croisée
Grande ouverte où l'air bleu baigne un fouillis de fleurs,
Et dans ses lourds cheveux où tombe la rosée
Promènent leurs doigts fins, terribles et charmeurs.

Il écoute chanter leurs haleines craintives
Qui fleurent des longs miels végétaux et rosés,
Et qu'interrompt parfois un sifflement, salives
Reprises sur la lèvre ou désirs de baisers.

Il entend leurs cils noirs battant sous les silences
Parfumés; et leurs doigts électriques et doux
Font crépiter parmi ses grises indolences
Sous leurs ongles royaux la mort des petits poux.

Voilà que monte en lui le vin de la Paresse,
Soupir d'harmonica qui pourrait délirer;
L'enfant se sent, selon la lenteur des caresses,
Sourdre et mourir sans cesse un désir de pleurer.

(Rimbaud)
as catadoras de piolhos

> *"A poética fora de moda desempenhava um bom*
> *papel em minha alquimia do verbo."*
> (Rimbaud, *Uma temporada no inferno*)

Quando a fronte do infante, vermelha das tormentas,
Só implora o enxame branco dos sonhos sem perfil,
Se acercam de sua cama duas grandes irmãs atentas
Trazendo dedos frágeis, com unhas de ar gentil.

Fazem sentar o infante ao pé de uma janela
Aberta (onde o ar azul banha uma confusão de flores)
E em seus cabelos densos que o orvalho gela
Passeiam os dedos finos, terríveis e encantadores.

Ele escuta cantar o hálito dessas divas
Temerosas, que rescende a longos méis vegetais,
Às vezes sincopado de um silvar: salivas
Chupadas para os lábios — ou vontades de beijar?

Ouve o bater de suas negras pestanas, sob silêncios
Perfumados; e aqueles dedos elétricos, mansinhos,
A fazer crepitar, em meio a cinzas indolências,
Sob suas régias unhas, a morte dos piolhinhos.

Eis que sobe por ele o vinho da Preguiça,
Suspiro de acordeão capaz de delirar;
E nasce nele, conforme a lentidão das carícias,
Um exato querer-e-não-querer chorar.

(revista *Estudos Avançados*, v. 4, n. 8, janeiro/abril, 1990)

Schiller
Das Ideal und das Leben

Ewigklar und spiegelrein und eben
Fließt das zephirleichte Leben
Im Olymp den Seligen dahin.
Monde wechseln und Geschlechter fliehen,
Ihrer Götterjugend Rosen blühen
Wandellos im ewigen Ruin.
Zwischen Sinnenglück und Seelenfrieden,
Bleibt dem Menschen nur die bange Wahl;
Auf der Stirn der hohen Uraniden
Leuchtet ihr vermählter Strahl.

(Schiller)
o ideal e a vida
(primeira estrofe)

Eterna, clara, especular e lisa
Flui a vida, Zéfiro ligeiro:
Vai para o Olimpo dos bem-aventurados.
Mudam as luas, gerações deslizam —
E à juventude d'Eles florem Rosas,
Imutáveis, na eterna Ruína.
Ao homem resta só a escolha pânica
Entre o Prazer sensual e a Paz da alma;
Na fronte altíssima dos Uranidas
Reluz o brilho desses dois, casados.

(Folha de S. Paulo, 20/1/1990)

Johann Gottlieb Fichte
Sonnett

Wenn dir das inn're Götterwort wird spruchlos,
Verblasset auch die äussere Verspürung,
Was dich umgiebt, verlieret die Verzierung,
Was von dir ausgeht, wird nur schnöd' und ruchlos.

Die Blüthe deines Lebens steht geruchlos,
Was andre leitet, das wird dir Verführung;
Denn du bist ausserhalb des Alls Berührung,
Darum wird dir der äuss're Laut auch spruchlos.

Das innen Todte glänze noch so scheinsam,
Doch treibt dich fort zu ungemess'ner Wehmuth,
Die unaufhaltsam schon dich griff, die Brandung. —

Drum bleib' ich in mir selber still und einsam
Und pflege fort mit kindergleicher Demuth
Das Unterpfand der einst'gen frohen Landung.

(Fichte)
soneto

Se a voz de internos deuses em ti cala,
Se empalidece a percepção do fora,
O que te cerca perde adorno e flora
E o que parte de ti é vil e trescala;

Se a flor de teu viver perde o que a enflora,
O que a outros guia a ti desencaminha,
Pois o Todo de ti não se avizinha,
Por isso cala-se também a voz de fora;

Por mais que brilhe o que é morto por dentro,
No entanto leva-te a melancolia imensa
O ardor que te arrebata e que é incessante —

Então eu fico, quieto e só, em mim mesmo
E vou cuidando humilde como uma criança
Do que garante o alegre porto de antes.

(inédito; 1989)

Morgenstern
Korfs Erfindung

Korf erfindet eine Art von Witzen,
die erst viele Stunde später wirken.
Jeder hört sie an mit Langerweile.

Doch als hätt ein Zunder still geglommen,
wird man nachts im Bette plötzlich munter,
selig lächeln wie ein satter Säugling.

(Morgenstern)
o invento de Korf

Korf inventou uma espécie de piadas
que só fazem efeito muitas horas passadas.
Todos as ouvem com tédio, enfadados.

Mas é como um rastilho queimando em surdina.
Quando é noite, na cama, repentina euforia
faz sorrir feito um beato bebê amamentado.

(*Folha de S. Paulo*, 6/11/1987)

Hölderlin
Patmos

Nah ist
Und schwer zu fassen der Gott.
Wo aber Gefahr ist, wächst
Das Rettende auch.
Im Finstern wohnen
Die Adler und furchtlos gehn
Die Söhne der Alpen über den Abgrund weg
Auf leichtgebaueten Brücken.
Drum, da gehäuft sind rings
Die Gipfel der Zeit, und die Liebsten
Nah wohnen, ermattend auf
Getrenntesten Bergen,
So gib unschuldig Wasser,
O Fittiche gib uns, treuesten Sinns
Hinüberzugehn und wiederzukehren.

(Hölderlin)
Patmos
(primeira estrofe)

Próximo e
Difícil de apanhar é o deus.
Mas onde está o perigo, ali cresce
O que salva, também.
Na treva moram
As águias e sem medo passam
Esses filhos dos Alpes, transpondo o abismo,
Por sobre pontes de leve construção.
Por isso, como ao redor se amontoam em anel
Os cumes do tempo, e os mais queridos
Moram próximos, enlanguescendo sobre
Montanhas separadas ao extremo,
Dá, pois, sem culpa, água,
Oh dá-nos asas, de fidelíssimo sentido
Para transpor e para retornar.

(*Folha de S. Paulo*, 14/7/1987)

Mörike
Auf einer Wanderung

In ein freundliches Städtchen tret'ich ein,
In den Straßen liegt roter Abendschein.
Aus einem offnen Fenster eben,
Ueber den reichsten Blumenflor
Hinweg, hört man Goldglockentöne schweben,
Und eine Stimme scheint ein Nachtingallenchor
Daß die Blüten beben,
Daß die Lüfte leben,
Daß in höherem Rot die Rosen leuchten vor.

Lang' hielt ich staunend, lustbeklommen.
Wie ich hinaus vors Tor gekommen,
Ich weiß es wahrlich selber nicht.
Ach hier, wie liegt die Welt so licht!
Der Himmel wogt in purpurnem Gewühle,
Rückwärts die Stadt in goldnem Rauch;
Wie rauscht der Erlenbach, wie rauscht
Im Grund die Mühle!
Ich bin wie trunken, irrgeführt —
O Muse, du hast mein Herz berührt
Mit einem Liebeshauch!

(Mörike)
em uma andança

Numa gentil cidadezinha entrei.
Nas ruas, rubro, o poente punha cor.
De uma janela aberta, eis —
Por entre flores ricamente em flor —
Que vêm pairando sons de sino em ouro
E uma voz que eu diria rouxinóis em coro
Fazendo as flores fremir,
Fazendo os ares bulir
E em rubro mais intenso incendiarem-se as rosas.

No assombro ali fiquei, cravado de prazer.
De como me vi fora e os portais transpus
Já nem eu mesmo, juro, sei dizer.
Ai, como o mundo, aqui, é pura luz!
E como o céu purpúreo ondula em torvelinho
E a cidade lá atrás se esfuma em ouro puro;
O regato entre os alnos, como murmura, e como
Murmura ao fundo o moinho!
Sinto-me como ébrio, perdido do caminho —
Ó musa, me tocaste o coração, bem sei,
Com um bafejo de amor!

(in *Benjamin, Adorno, Horkheimer, Habermas*, Abril Cultural, 1980)

Stefan George
Aus Der siebente Ring

Im windes-weben
War meine frage
Nur träumerei
Nur lächeln war
Was du gegeben
Aus nasser nacht
Ein glanz entfacht —
Nun drängt der mai
Nun muß ich gar
Um dein aug and haar
Alle tage
In sehnen leben.

(Stefan George)
canção do sétimo anel

No vira-vento
Foi meu ensaio
Só devaneio
Sorriso apenas
O que tu deste
De noite-orvalho
Um vidrilho brilha —
Já urge o maio
Já devo ao cabo
Por teu olho e cabelo
Dias a fio
Viver de anseio.

(in *Benjamin, Adorno, Horkheimer, Habermas*, Abril Cultural, 1980)

Angelus Silesius
Aus Cherubinischer Wandersmann

Der Reiche, wann er viel von seiner Armut spricht,
So glaub es ihm nur gern: er lügt wahrhaftig nicht.

Ach, daß wir Menschen nicht wie die Waldvögelein
Ein jeder seinen Ton mit Lust zusammen schrein!
Je mehr man Unterscheid der Stimmen vor kann bringen,
Je wunderbarlicher pflegt auch das Lied zu klingen.

Die Ros ist ohn Warum, sie blühet, weil sie blühet:
Sie acht nicht ihrer selbst, fragt nicht, ob man sie sieht.

Die Rose, welche hier dein äußres Auge sieht,
Die hat von Ewigkeit in Gott also geblüht.

Ach könnte nur dein Herz zu einer Krippe werden,
Gott würde noch einmal ein Kind auf dieser Erden.

Dafern der Teufel könnt aus seiner Seinheit gehn,
So sähest du ihn stracks in Gottes Throne stehn.

Ruh ist das höchste Gut: und wäre Gott nicht Ruh,
Ich schlöße vor ihm selbst mein Augen beide zu.

Nichts ist als Ich und Du — und wenn wir zwei nicht sein,
So ist Gott nicht mehr Gott, und fällt der Himmel ein.

Gott mag nicht ohne mich ein einzigs Würmlein machen;
Erhalt ichs nicht mit ihm, so muß er stracks zukrachen.

Die Sonne erregt das All, macht alle Sterne tanzen —
Wirst du nicht auch bewegt, gehörst du nicht zum Ganzen.

Ich selbst muß Sonne sein, ich muß mit meinen Strahlen
Das farbenlose Meer der ganzen Gottheit malen.

(Angelus Silesius)
15 dísticos do Andarilho querubínico

O rico, quando fala de sua Pobreza sempre,
Melhor é acreditá-lo: em verdade, não mente.

Ai, não fazermos nós como as Aves do Bosque,
Grasnar cada um seu Tom, em conjunto e com Gosto!

Quanto mais Diferença de Vozes se faz soar,
Tanto mais prodigiosa sói ser a Canção no ar.

A Rosa é sem por-quê, floresce porque sim;
Não dá tento de si, não pergunta se a vêem.

A Rosa, essa que aqui teu Olho externo vê,
Tem florescido em Deus Eternamente assim.

Ai, tornar-se em Presepe teu Coração pudera...
Deus Criança outra vez tornaria a esta Terra.

Assim pudera o Diabo sair fora de seu Ser:
Já o verias montado no Trono do Senhor.

Calma é o mais alto Bem: não fôra Calma Deus,
Ante Ele eu fecharia ambos os Olhos meus.

Nada é, fora Eu e Tu — se não somos nós dois
Já Deus não é mais Deus e rui o Céu em dois.

Sem mim Deus nada faz, nem uma Formiguinha;
Se nego meu concurso, Ele vai pronto à ruína.

O Sol agita o Todo, faz dançar as Estrelas —
Não te moves também? Então não estás com Elas.

Eu tenho de ser Sol: pintar co's Raios meus
Esse Oceano incolor que é a imensidão de Deus.

Mensch, was du liebst, in das wirst du verwandelt werden:
Gott wirst du, liebst du Gott, und Erde, liebst du Erden.

Mensch, werde wesentlich: denn wann die Welt vergeht,
So fällt der Zufall weg; das Wesen, das besteht.

Gott ist in mir das Feuer — und ich in ihm der Schein:
Sind wir einander nicht ganz inniglich gemein?

Homem, o que tu amas, nisso te tornarás:
Em Deus, se tu amas Deus; se Terra, Terra serás.

Homem, sê essencial: quando o Mundo passar
O Acaso cairá fora, a Essência vai ficar.

Deus é em mim o Fogo — eu, nele, o Brilho, a Aparência:
Não'stamos, um com o outro, na comunhão mais Extrema?

(revista *Discurso*, nº 11, 1980)

Goethe
Wandrers Nachtlied

Ueber allen Gipfeln
Ist Ruh.
In allen Wipfeln
Spürest du
Kaum einem Hauch;
Die Vögelein schweigen im Walde.
Warte nur, balde
Ruhest du auch.

(Goethe)
noturno do andarilho

Em todos os cumes:
sossego.
Em todas as copas
não sentes
um sopro, quase.
Os passarinhos calam-se na mata.
Paciência, logo
sossegarás também.

(in *Benjamin, Adorno, Horkheimer, Habermas*, Abril Cultural, 1980)

Nietzsche
Dichters Berufung

Als ich jüngst, mich zu erquicken,
Unter dunklen Bäumen saß,
Hört ich ticken, leise ticken,
Zierlich, wie nach Takt und Maß.
Böse wurd' ich, zog Gesichter, —
Endlich aber gab ich nach,
Bis ich gar, gleich einem Dichter,
Selber mit im Tiktak sprach.

Wie mir so im Versemachen
Silb' um Silb' ihr Hopsa sprang,
Mußt' ich plötzlich lachen, lachen
Eine Viertelstunde lang.
Du ein Dichter? Du ein Dichter?
Steht's mit deinem Kopf so schlecht?
—„ Ja, mein Herr, Sie sind ein Dichter"
Achselzuckt der Vogel Specht.

Wessen harr' ich hier im Busche?
Wem doch laur' ich Räuber auf?
Ist's ein Spruch? Ein Bild? Im Husche
Sitzt mein Reim ihm hintendrauf.
Was nur schüpft und hüpft, gleich sticht der
Dichter sich's zum Vers zurecht.
—„ Ja, mein Herr, Sie sind ein Dichter"
Achselzuckt der Vogel Specht.

Reime, mein' ich, sind wie Pfeile.
Wie das zappelt, zittert, springt,
Wenn der Pfeil in edle Teile
Des Lazertenleibchens dringt!
Ach, ihr sterbt dran, arme Wichter,
Oder taumelt wie bezecht!
—„ Ja, mein Herr, Sie sind ein Dichter"
Achselzuckt der Vogel Specht.

(**Nietzsche**)
vocação de poeta

Ainda outro dia, na sonolência
De escuras árvores, eu, sozinho,
Ouvi batendo, como em cadência,
Um tique, um taque, bem de mansinho...
Fiquei zangado, fechei a cara —
Mas afinal me deixei levar
E igual a um poeta, que nem repara,
Em tique-taque me ouvi falar.

E vendo o verso cair, cadente,
Sílabas, upa, saltando fora,
Tive que rir, rir, de repente,
E ri por um bom quarto de hora.
Tu, um poeta? Tu, um poeta?
Tua cabeça está assim tão mal?
— "Sim, meu senhor, sois um poeta",
E dá de ombros o pica-pau.

Por quem espero aqui nesta moita?
A quem espreito como um ladrão?
Um dito? Imagem? Mas, psiu! Afoita
Salta à garupa rima, e refrão.
Algo rasteja? Ou pula? Já o espeta
Em verso o poeta, justo e por igual.
— "Sim, meu senhor, sois um poeta",
E dá de ombros o pica-pau.

Rimas, penso eu, serão como dardos?
Que rebuliços, saltos e sustos
Se o dardo agudo vai acertar dos
Pobres lagartos os pontos justos.
Ai, que ele morre à ponta da seta
Ou cambaleia, o ébrio animal!
— "Sim, meu senhor, sois um poeta",
E dá de ombros o pica-pau.

Schiefe Sprüchlein voller Eile,
Trunkne Wörtlein, wie sich's drängt!
Bis ihr alle, Zeil' an Zeile,
An der Tiktakkette hängt.
Und es gibt grausam Gelichter,
Das dies — freut? Sind Dichter — schlecht?
—,, Ja, mein Herr, Sie sind ein Dichter"
Achselzuckt der Vogel Specht.

Höhnst du, Vogel? Willst du scherzen?
Steht's mit meinem Kopf schon schlimm,
Schlimmer stünd's mit meinem Herzen?
Fürchte, fürchte meinen Grimm! —
Doch der Dichter — Reime flicht er
Selbst im Grimm noch schlecht und recht.
—,, Ja, mein Herr, Sie sind ein Dichter"
Achselzuckt der Vogel Specht.

Vesgo versinho, tão apressado,
Bêbada corre cada palavrinha!
Até que tudo, tiquetaqueado,
Cai na corrente, linha após linha.
Existe laia tão cruel e abjeta
Que isto ainda — alegra? O poeta — é mau?
— "Sim, meu senhor, sois um poeta",
E dá de ombros o pica-pau.

Tu zombas, ave? Queres brincar?
Se está tão mal minha cabeça
Meu coração pior há de estar?
Ai de ti, que minha raiva cresça! —
Mas trança rimas, sempre — o poeta,
Na raiva mesmo sempre certo e mau.
— "Sim, meu senhor, sois um poeta",
E dá de ombros o pica-pau.

(in *Nietzsche*, Abril Cultural, 1974)

Nota necessária:

Devo a graça do título "novolume" a Bento Prado Jr., que ao publicar seu livro *Alguns ensaios* (Max Limonad, 1985) excluiu dele os escritos sobre Rousseau, prometendo que "deverão vir a lume num exclusivo volume". Pena é que esse volume "Rousseau" seja ainda uma promessa e uma lacuna.

Este livro terminou de ser impresso no dia 30 de outubro de 1997 nas oficinas da Bartira Gráfica e Editora Ltda., em São Bernardo do Campo, São Paulo.